退休居民消费研究

TUIXIU JUMIN XIAOFEI YANJIU

钱婷婷◎著

安徽师范大学出版社

ANHUI NORMAL UNIVERSITY PRESS

·芜湖·

图书在版编目(CIP)数据

退休居民消费研究 / 钱婷婷著 .— 芜湖 : 安徽师范大学出版社, 2020.11
ISBN 978-7-5676-3798-6

Ⅰ.①退… Ⅱ.①钱… Ⅲ.①退休 – 居民消费 – 研究 – 中国 Ⅳ.①F126.1

中国版本图书馆 CIP 数据核字(2020)第 200558 号

退休居民消费研究 　　　　　　　　　　　钱婷婷◎著

责任编辑 : 胡志立　　　责任校对 : 胡志恒
装帧设计 : 张　玲　　　责任印制 : 桑国磊
出版发行 : 安徽师范大学出版社
　　　　　芜湖市北京东路 1 号安徽师范大学赭山校区
网　　址 : http://www.ahnupress.com/
发 行 部 : 0553-3883578　5910327　5910310(传真)
印　　刷 : 江苏凤凰数码印务有限公司
版　　次 : 2020 年 11 月第 1 版
印　　次 : 2020 年 11 月第 1 次印刷
规　　格 : 700 mm × 1000 mm　1/16
印　　张 : 11.5
字　　数 : 178 千字
书　　号 : ISBN 978-7-5676-3798-6
定　　价 : 39.80 元

健全完善制度　扩大退休消费

一

近年来，受人口老龄化与平均预期寿命不断延长的影响，退休居民的绝对数量不断增多，退休居民占总人口的比例在不断提升。受退休后收入水平大幅下降的影响，退休居民消费水平普遍下降，消费结构发生了较大的变化，这些变化通过微观消费水平与消费结构的集合与传导机制，对宏观层面上的消费结构和消费总量有较大影响，进而对经济社会发展产生不可忽视的影响。

总体而言，受退休居民绝对数量增多及其比例不断提升的影响，消费总效应趋向于拉低消费总量，同时导致消费结构产生相应的变动。消费总量下降不利于发挥消费拉动经济增长的应有作用，这是人口老龄化所不得不面对的负面效应，因此我们必须深入研究由于退休居民消费变动所产生的对消费结构与经济增长变动的深层次影响，在努力消除其负面效应的同时，有效扩大退休居民消费产品与服务供给，在有效满足退休居民消费需求的基础上，提升退休居民消费能力，以有效发挥消费拉动经济增长的应有作用，不断丰富退休居民的物质与精神生活。

简言之，人口老龄化日益加剧带来的退休居民总量的增多，将不利于发挥消费拉动经济增长的作用。无论是从马克思主义政治经济学的生产、分配、交换与消费循环中所强调的消费对经济增长的重大作用来看，还是从西方经济学中消费对提升微观消费者的效用而言，消费对经济增长的作用均不可忽视。从微观个体而言，保持适度的消费水平与合一的消费结构，对促进劳动力及其家庭的生产与再生产至关重要。从宏观角度而言，最终消费需求在国内生产总值中保持一个合理的比例，是推动经济增长持续健康发展的重要前提。

从世界经济发展史可见，最终消费率即最终消费需求在国内生产总值中的比例，保持在一个合理的水平至关重要。最终消费率不可过高，更不宜过低，过高会使消费过大难以保持必要的积累，而过低则会使公众消费水平过低进而导致生产难以为继。因此，必须对由于人口老龄化加剧所导致的最终消费需求下降和消费结构变动予以足够的重视。在发挥需求的导向作用，有效提供满足退休居民高质量需求的产品与服务外，还应通过相关产业的发展有效带动消费结构的优化与退休居民消费水平的提升。

中国人一向具有节俭的传统，退休居民因收入水平下降而更倾向于节俭。"成由勤俭破由奢"，对个体而言节俭普遍被视为美德。但从总体来说却未必如此，这也符合经济学中的"合成谬误原理"。如果个体过于节俭，极有可能导致社会宏观上的灾难性后果。正如《蜜蜂的寓言》所述，在蜜蜂群体较为奢侈愿意扩大消费时导致生产消费两旺，总体实力也较为强大，而当由奢侈改为节俭时则消费生产萎缩而导致实力下降，结果在与其他蜂群的竞争中失利。消费在经济增长中具有重要作用，因此对于退休居民消费的研究就更为必要，而关注退休居民消费也并不仅仅只是经济增长层面的问题。近年来，国内外关于居民退休消费的研究成果很多，但由于国情不同，其结论并不能简单套之于中国。在我国人口老龄化逐步加剧的情况下，很有必要结合人口老龄化的最新发展对人口老龄化导致的退休居民消费宏观与微观变动进行深入的研究。钱婷婷博士的专著《退休居民消费研究》，正是重点研究以退休居民消费变动为主要内容的一部著作。

二

《退休居民消费研究》一书，围绕人口老龄化过程中由于退休人员数量增加所导致的多种社会问题，其微观层面影响的是居民个体及所在家庭的收入、消费、老年心理等，宏观层面影响的是我国劳动力供给、社会整体消费、产业结构等。本书从理论上深入研究了退休居民由于收入下降等因素的影响导致的其消费水平与消费结构变化，进而通过构建计量模型与应用有关数据，深入分析研究退休居民消费变动对经济增长产生的影响，以及其可能产生的对宏观经济增长的影响，并在考察美国与日本有效应对人口老龄化案例的基础上，提出了有效应对退休居民消费下降的措施与建议。

基于以上，本书依托中国家庭动态跟踪调查数据，对面板数据进行混合回归的方法，重点分析了退休对居民家庭消费水平和消费结构的影响，研究"退休消费困境"这一现象是否真实存在。在一般性研究的基础上，选择上海作为典型案例城市，根据调查问卷与质性访谈，深入了解上海市退休居民的生活状况，梳理与诠释退休与老年消费行为的现实相关性，对退休老人生活史的梳理再现当今社会退休群体的经济生活。在以上研究的基础上，以美、日两国应对居民退休后消费变动的举措作为案例进行研究，分析美、日退休消费变动对我国的启示与借鉴。最后，本书对如何有效应对人口老龄化加速和经济转型背景下退休给居民所在家庭消费水平带来的负性影响以及家庭消费结构变化，以及如何扩大消费需求增强家庭居民的消费信心提出了相应的思考与建议。

具体而言，本书具有以下发现和结论：

第一，退休后居民的主要收入来源为家庭其他成员供养、劳动收入、离退休金养老金三大部分，但老年人的主要收入来源存在着明显的性别和城市差异。居民退休后消费动机较为理性，消费习惯较为固化，对商品或商家提高的服务价格敏感度较高，更加追求实际和看重产品的实用功能，更趋节俭。

第二，影响退休后居民所在家庭消费的因素主要有居民家庭的消费习惯和消费实力、政府相关消费和税收政策、居民享有的社会保障水平、消费者权益维护程度、经济发展程度等宏观因素以及老年消费的供给等。退休对居民消费的影响机制主要体现在直接影响和间接影响两方面，直接影响包括消费结构、消费动机、消费习惯、利他性消费等；间接影响包括通过间接传导机制如收入分配、经济增长、劳动生产率、产业结构、社会保障制度来影响退休后的消费等。

第三，退休强制制度的冲击直接导致居民消费水平相比退休前下降了15.7%。在消费结构的影响方面，与工作相关的衣着、交通通讯类支出下降比例分别为25.6%、12.2%，退休对家庭设备用品及服务支出下降了23.3%，居住类消费支出、医疗保健支出方面分别增加了31.8%和23.5%，对教育文娱支出的影响并不显著。上海作为我国老龄化程度较高的城市，退休冲击对居民消费带来负性影响，居民退休后减少了原有家庭消费总支出的23.2%，在10%的置信水平上显著。消费结构层面主要体现衣着类消费下降了39.3%，家庭设备用品及服务支出下降了48.4%。

第四，居民退休后高收入区间人数占比减少，而低收入区间相比退休前的比例相应增加。与退休前相比，退休后居民每月伙食费用占平均月支出总费用比重并未发生较大变化。如相比退休前，医疗类消费占平均月总支出费用比重在30%—40%区间的人数增加了80%。他们开始更加关注人际交往，精神文化类消费在总消费中的比例提高。另外，通过对上海市已退休居民的四个典型个案研究，说明消费行为反哺退休后的日常生活，精神消费是拓展个体兴趣的需要，社会交往是老年消费的动力，老年消费嵌入代际关系。

第五，美国、日本两国在延迟退休年龄制度、养老保险覆盖的人群、支付与社保资金融资方式以及发展老年产业特别是老年市场细分、老年产品科技创新、老年产业发展政策体系、产学研结合、老年产业协会、鼓励老年劳动力再就业等方面有许多可借鉴之处。我们要在经济发展模式、经济结构转型、增加经济活力方面深入思考，如注重实体经济的发展，加快经济发展方式的转变，提高企业的自主性与创新能力，进一步扩大内需。

基于以上研究，本书提出了应对退休居民消费下降的相关政策建议，即有效转变家庭居民消费观念，积极健全完善养老医疗等社会保障体系；优化老年消费产品与服务供给，有效改进老年消费支出构成；完善养老服务，有效扩大优质养老服务供给，科学开拓老年消费市场或发展老年产业；贯彻执行"健康老龄化"，努力改变退休消费负效应。

本书是一部以研究居民退休消费为主题的力作，本书的出版对于我们进一步深化对居民退休消费规律及其对经济增长影响的认识，具有重要的理论意义与学术价值。

总体来说，本书具有以下几个特点：

一是结合了当前最为重要的问题之一——退休居民消费进行研究。选择这个问题作为研究选题，反映了作者具有扎实的经济学理论功底以及对现实经济问题认识的敏锐程度。正是确定这样一个具有重要理论意义与实践价值的选题进行研究，才更显现出本书的价值和重要性所在。

二是研究具有相当的难度。正是因为居民退休消费问题过于复杂，而且不同国家的居民退休消费表现的状况及特征也有所不同，因此才被称为"退休消费之谜"。中国居民退休后由于其收入状况、消费习惯以及代际教育等方面存在的差异，使得居民退休消费问题更为复杂，因此研究这个问题具有极大的挑战性。

三是从理论上深入研究了居民退休后影响宏观消费水平与消费结构变动的影响机制，考察了居民退休后消费变动的相应机理。在此分析的基础上，进一步通过应用有关计量模型与数据进行定量分析。在定性分析与定量分析相结合的基础上，得出了可靠结论。

四是研究方法较为多样，既有定性理论分析，也有回归分析等计量分析方法，还有针对性地进行问卷与访谈，直面退休后居民生活，与研究对象对话，将现实还原，仿佛让读者感到正在进行"与退休人员访谈"。正是通过利用多种研究方法，才使得该研究符合逻辑，结论合理，使读者自然接受作者的结论。

本书虽然对有关影响居民退休消费的相关问题进行了较为深入的分析，但受研究时间与篇幅所限，应该说只是对研究居民退休消费问题做了一个良好的开端，对于居民退休消费问题本身还有待进一步深入的研究。比如还需更深入地探讨在当前经济增长条件下居民退休消费变动的规律及其对经济增长的影响，要考虑不同地区之间居民退休消费的差异，以及不同单位与不同所有制居民退休后消费变动的不同特点，以及进一步深入考察影响居民退休消费的有关产业发展和相应的产业结构变动前景，等等。

居民退休消费变动作为当前人口老龄化背景下经济社会发展中存在的突出问题之一，理应得到政府、社会与企业等多种层面的重视。近期相关部门陆续出台有关促进养老服务产业等方面的规划，但居民退休消费影响的不仅仅是养老服务产业，而且包括养老服务产业在内的更加多样的服务产业。居民退休消费变动是人口老龄化的结果，而人口老龄化对经济增长带来的负面效应远不止是居民退休消费变动，包括了诸如劳动力结构变动以及养老保险基金变动等一系列深层次的问题。要化解居民退休消费存在的问题还有待在通过系统工程来解决人口老龄化所导致的各种问题的过程中予以妥善解决。

三

钱婷婷自2014年9月至2017年7月在上海社会科学院经济研究所在职攻读博士学位。虽然她是我指导的第二位博士研究生，但是她是第一位入校前即确定由我指导的学生，因此在她入学之初至毕业的三年时间里对她进行了较多的指导。这种在入学前即确定导师的做法，较以前博士研究生读二年级时方确定导师指导的效果更为突出。

钱婷婷本科毕业时以全年级第一名的成绩免试推荐攻读硕士，硕士毕业后到上海应用技术大学工作。2014年9月攻读博士，以在职博士研究生的身份三年完成博士学位实属不易。她在博士二年级中期考核时，以全年级第一名的成绩通过考核。在读书期间较早按要求发表了相关论文，并在博士三年级时按要求高质量完成了博士论文。2019年顺利评为副教授。作为导师，为她所取得的成绩感到高兴的同时，也深深钦服她认真执着不懈进取的精神。

教学相长。不敢说希望"得天下英才而育之"，而有钱婷婷这样的学生实为老师之幸。

是为序。

刘社建

2020年5月

目　录

第一章 引　言 ……………………………………………………001

　　1.1 研究背景与意义 …………………………………………001

　　1.2 文献综述 …………………………………………………005

　　1.3 退休消费困境研究现状与进展 …………………………012

　　1.4 主要研究内容 ……………………………………………023

　　1.5 技术路线 …………………………………………………024

　　1.6 创新之处 …………………………………………………025

第二章 人口老龄化、退休与消费的相互关系………………026

　　2.1 我国老年人口和老龄化现状 ……………………………027

　　2.2 我国劳动力参与的特点与供给现状 ……………………029

　　2.3 我国职工退休现状 ………………………………………033

　　2.4 退休事件与人口老龄化之间的关系分析 ………………037

　　2.5 退休居民的消费现状、收入来源及特征 ………………039

　　2.6 影响退休居民家庭消费水平的内在机理 ………………044

第三章 退休居民消费情况的统计描述与实证研究 …………050

　　3.1 变量选定 …………………………………………………051

　　3.2 数据说明 …………………………………………………053

　　3.3 变量描述性统计 …………………………………………055

　　3.4 变量相关性检验 …………………………………………061

3.5 模型构建 ……………………………………………………062

3.6 估计方法 ……………………………………………………063

3.7 结果及相关分析 ……………………………………………064

第四章　我国居民退休前后的消费行为分析 ………………………080

4.1 上海市退休居民日常消费状况的调查 ……………………082

4.2 个案研究 ……………………………………………………091

4.3 退休与居民消费行为的相关分析 …………………………096

第五章　美日两国应对居民退休后消费变动的案例及启示 …………103

5.1 美国有关退休的现实困境 …………………………………104

5.2 学界关于美国居民退休前后消费的研究 …………………106

5.3 美国居民退休前后的消费变动情况及应对措施 …………112

5.4 日本居民退休前后的消费变动情况及应对措施 …………116

5.5 启示 …………………………………………………………123

第六章　结论与对策 …………………………………………………127

6.1 结论与讨论 …………………………………………………127

6.2 研究展望:消费升级视域下我国居民退休家庭的消费水平

提升举措 …………………………………………………129

主要参考文献 …………………………………………………………136

附录一:退休居民的消费表象与特征的调研问卷 …………………141

附录二:上海退休居民的消费表象与特征的访谈提纲 ……………144

附录三:退休居民日常生活中的消费心理呈现

——一名退休教师的生活故事 ……………………………147

附录四:退休居民日常生活中的消费心理呈现

——老孙头的故事:健康改变生活 ………………………154

附录五:退休居民日常生活中的消费心理呈现
　　——"退而不休"的蔡阿姨 ………………………………159
附录六:退休居民日常生活中的消费心理呈现
　　——继续奋斗:张大爷的再就业 ………………………163

后　记 ………………………………………………………167

第一章 引 言

1.1 研究背景与意义

1.1.1 研究背景

我国自20世纪70年代末开始实行计划生育政策，到2010年，"六普"（第六次全国人口普查）数据显示我国已进入"超低生育率国家"行列。同时，随着经济的快速发展带来了人们生活水平的逐步提高，科学技术的进步促进了医疗条件的显著改善，我国的人口平均寿命逐渐延长。世界卫生组织公布的数据显示，我国人均预期寿命为76岁，高于全球平均水平4岁。计划生育政策、人均预期寿命的延长这两项关键因素导致了我国人口年龄结构的转变。几乎所有发达国家和许多新兴市场国家都已经或正在经历人口老龄化带来的负面影响以及一系列影响经济社会可持续发展的冲击与挑战。

2000年我国60岁及以上的人口占比为10.33%，开始步入老龄社会，从1982年到2000年，我国老年人口的增长率为3.02%，而这一阶段我国的人口增长率为1.47%。2010年，我国60岁及以上老年人口约为1.78亿，比重达到13.26%，65岁及以上老年人口的比重为8.87%。"六普"时各年龄段人数占比与"五普"（第五次全国人口普查）时相比较，60岁及以上人口比重上升了3.06%，65岁及以上人口比重上升了1.91%。

杜鹏等人预测，我国老年人口数将在2055年达到最高峰值，60岁及以上老年人口为4.31亿，65岁及以上老年人口达到3.42亿，这就意味着在未来的35年时间里，老龄化仍将呈现持续快速发展的态势。不同于发达国家，我国的人口老龄化呈现出自身的特点：发展进程与速度快；"未富先老"使得经济压力较大；老龄化存在显著的地区与城乡差异；高龄化态势凸显。老龄化作为人口结构变化的重要体现，是现代化进程的必然结果，体现着人类社会发展的文明程度和人类的健康水平。老龄化对经济发展，既有积极的影响，也有消极的影响，应辩证客观地看待这一现象。它不仅对劳动力、劳动生产率、产业结构、消费、储蓄、社会投资、社会保障等宏观层面产生影响，也会对劳动力供给和成本、企业责任与负担，以及涉及老年人的健康、消费需求、社会参与、社会支持救助等微观层面产生不同程度的影响。

人口老龄化理论上意味着劳动年龄人口比重下降，劳动力供给相对减少，劳动力充裕的人口红利在递减，而退休人口占比将会越来越大。众所周知，老年时期为个体生命周期的最后一个阶段，退休往往是个体进入老年期的开始与标志，退休人员从劳动力大军中退出，加入了人口老龄化大军。随着人口老龄化进程加快，越来越多的人面临退休的问题，居民退休后的生活方式、消费需求与消费行为对经济总量变动、经济发展趋势以及相关政策的制定都有着极为重要的影响。近年来，有关专家对延迟退休进行了广泛而深入的讨论，我国采取了如全面放开二孩政策，拟推行延迟退休等政策，无非都是希望通过人口年龄结构"软着陆"的方式来延缓我国的人口老龄化进程。

当前，严峻的老龄化对我国经济新常态形成了诸如经济发展现状、产业结构转型升级、创新驱动、代际利益分配矛盾等多方面的冲击，同时，我国仍要面临消费需求不足和经济结构失衡的经济事实，目前已很难通过投资和出口特别是出口来推动经济的可持续发展。对消费的理论与实证研究一直是各国政府部门和经济学家关注的重要议题。消费是社会再生产的起点和终点，是社会经济运行不可分割的一个环节，在社会再生产中具有不可替代的地位。作为一国总需求的主要部分，消费也是拉动经济增长的重要引擎。居民消费是一国或地区内所有常住居民一定时期内（通常为一年）对最终商品和服务的消费性支出总和，是最终消费的重要组成部分，是提高人们生活水平与质量的源泉，也是生产的最终目的。居民消费水平的高低直接关系到每个家庭的效用水平和幸福程度，也是经济社会能否实现可持续发展的重要因素。

退休作为人一生中重要的转折事件，意味着个人从劳动力市场退出，没有了工作时正常的工资性收入，转而开始领取养老金。退休对居民的影响不仅是个人及家庭层面角色、身份的转变，同时还是其个人收入、心理状态和身体健康状态等层面变化带来的退休者所在家庭的消费和生活水平等的变化。家庭成员的退休对于家庭来说意义重大。从家庭生命周期的角度看，一个新家庭诞生后通常会经历新生命出生，家庭中父母对子女的养育，子女高考、就业后离开原家庭组建新家庭，原家庭中父母退休、离开人世，原家庭消亡等。家庭在人们的情感寄托、精神慰藉、休闲娱乐、组织消费等方面扮演着独特的角色。退休某种程度上带给退休者个体及其所在家庭的多种变化，这些变化是什么，如何适应这些变化越来越受到学者和社会的关注。

在老龄化进程日益加快的同时，我国现有的强制退休制度会使得退休这一群体规模越来越大，这部分群体的退休决策通过对居民消费的动态冲击影响着社会经济的发展与持久稳定。目前，受强制退休制度影响，我国居民退休的平均年龄相对世界其他国家显得偏低，甚至还有提前退休的现象，从而导致退休的低龄化。在人口老龄化加速、经济新常态、供给侧改革的宏观经济发展背景下，研究退休对居民所在家庭的消费水平和消费结构的影响，关注居民在退休前后的消费行为，并分析这一群体的消费特点，是探索退休对消费等影响的一个重要切入点，也是应对老龄社会来临的冲击与挑战的新视角。同时，也能为积极应对退休危机，刺激老年群体的消费需求，转变经济发展方式，直接拉动经济增长以及完善相关退休制度、社保制度等提供有效的对策与思路。

1.1.2 研究意义

（1）理论价值

20世纪50年代以来，以不确定性条件下不考虑遗赠动机的动态跨期消费决策为主要内容的生命周期假说和持久收入假说成为新古典消费理论形成与发展的基础。生命周期假说强调完全理性的代表性消费者或家庭在预期的资源总量约束条件下，通过跨期消费决策实现消费者个人或家庭一生的消费效用水平最大化，但由于现实世界中消费者具有不完全理性和缺乏足够的自控力来执行最优消费决策，就出现了居民消费行为与主流消费理论预言的消费模式之间的差异，产生了诸如"退休消费之谜"等消费异质现象。

影响我国居民退休后消费的因素主要有退休制度、思想观念、社会风俗、消费习惯、储蓄率、经济增长的方式等，与其他国家相比有所不同，因此通过研究退休冲击对我国居民的消费影响可以很好地检验生命周期理论模型在我国的适用性，从而为退休制度、养老保险制度等政策的制定与改革提供理论支持。此外，如退休对消费行为产生了显著的系统性变化，退休行为对居民个人及家庭产生影响的主要内容即消费水平和消费结构的变化、背后的原因何在？对这些问题的研究不仅有助于我们更好地梳理已有的主流消费理论，并对其局限及不足之处进一步加以调整，从而在一定程度上能够更好地推动居民消费理论的创新与发展，而且也有助于丰富老龄经济学这门交叉学科的内容，将经济学、人口学、老年学等学科理论与研究方法有机结合起来，进一步完善老龄经济学学科体系。

（2）现实意义

通过研判人口老龄化背景下我国居民个人退休前后的收入水平、消费能力等经济状况变化，居民消费心理以及相应的经济行为变化，统观对我国社会保障制度、传统家庭观念、遗赠与预防性储蓄动机等的调查与分析，为评估人口老龄化对我国经济社会的影响提供有价值的信息支撑。此外，通过检验退休行为是否会对退休者所在家庭的消费水平等经济行为产生显著影响，一方面可以验证我国是否存在"退休—消费之谜"，另一方面如存在消费异质现象，可以进一步分析退休所引起的消费水平下降与消费结构变化的原因，为制定更加有效的养老保障政策以及经济发展的宏观经济政策等提供有益启示。

进入 21 世纪以来，我国居民消费率在经济增长的同时却持续走低，世界银行数据显示 2015 年世界平均居民消费率为 58%，而同年我国居民消费率仅为 37%，低于世界平均水平。2017 年我国居民消费率为 39.1%，其中，城镇居民消费率为 30.7%。2019 年，全国居民人均消费支出首次超过 2 万元，在消费升级、生活质量不断提升的情况下，本书为如何满足退休后居民对各种商品或服务的消费需求变化，如何更有效地发挥居民消费在推动经济增长中的重要作用，尤其是改善我国居民退休后的消费水平，优化消费结构，为提升退休城镇家庭的消费率、拓宽老年消费市场、发展老年产业等提供了政策建议。

1.2 文献综述

1.2.1 消费的思想渊源与有关经济理论研究

消费是推动经济增长的重要源泉，也是经济学关心的一个永恒话题。众所周知，无论是在西方主流经济学还是在非主流经济学中，对消费经济理论的研究始终备受关注。消费思想的演变可谓波澜曲折，从古希腊罗马的快乐主义到中世纪西方制欲主义，再到中世纪后期随着资本主义生产方式的形成，封建生产方式的逐渐解体，重商主义的国际资本积累为以后的资本主义经济迅猛发展铺平了道路，重商主义反对奢侈消费行为的经济伦理思想与统治阶级的奢侈之风截然相对。在这之后，西方消费思想的演变正如不同经济学流派所呈现的那样，取得了突破性的进展。从古典经济学的配第、斯密、西斯蒙第、李嘉图等到新古典经济学的萨伊、马尔萨斯再到马克思，他们对生产与消费之间关系的认识，经历了一个从更重视生产到更重视消费再到生产与消费并重，两者相互影响、相互作用的过程。自边际革命以来，将边际分析方法和工具运用到消费等经济领域的研究被广泛运用。微观经济学理论体系的奠基者马歇尔，更是在边际效用价值论基础上将西方消费理论进一步向数量化方向发展。他在《经济学原理》中将整个社会生产的过程从消费者需求层面，从分析效用和需求着手，突破了从生产开始，进而为分配、交换和消费的古典传统理论体系套路。

世界性经济危机预示着新古典主义的破产，现代宏观经济学的开山鼻祖凯恩斯在《就业、利息和货币通论》里将消费在国民经济中的地位提升到前所未有的高度，并指出资本主义经济危机根源在于有效需求不足，批判了供给创造需求的萨伊定律，提出了绝对收入假说理论。同时，他首次提到了消费函数。消费函数后来成为经济学界持久关注与研究的领域，是研究消费者需求与行为的一般理论工具，是消费与收入之间关系的函数。新古典综合学派更是将凯恩斯理论与新古典理论进行有机综合，承袭杰文斯与庞巴维克的边际效用价值论，在凯恩斯总量经济范畴以及哈罗德和多马经济增长理论基础上，将希克斯的需求理论以及序数效用论、无差异曲线、需求规律等运用到现代微观经济学研究中，并在宏观经济学中分析消费率对经济周期中长期与短期的影响，除了增加动态和长期的研究，还对总需求与消费函数进行专门研究。自凯恩斯研究以来，消费函数的修正与发展取得了长足的进步，消费函数理论研究也因此在西方宏观经济学研究中处于举足轻重的地位，如杜森贝利的相对收入假说（J.S.Duesenberry，1949）、莫迪利安尼等人（Modigliani&Brumberg，1954）的生命周期消费假说和现代货币主义学派创始人弗里德曼（Friedman，1957）的永久收入消费假说等都是经典消费理论，此后消费函数不断发展，产生了随机游走假说（Hall，1978）、预防性储蓄假说（Kimball&Mankiw，1989）和损失厌恶假说（Shea，1995）、近似理性假说等。

无论是消费在微观经济学中作为效用的来源还是在宏观经济学中作为总需求的组成部分以及在经济增长中发挥的作用，消费已成为微观经济学与宏观经济学有机结合的关键。从经济学说史的角度考察与回顾西方消费思想与消费理论的形成与演变路径，可以得出：西方非常重视对消费问题的研究，积累了大量富有意义且极具价值的理论成果，除主流经济学外，非主流经济学的货币主义学派、理性预期学派、边际效用学派、瑞典学派也有对消费理论的阐述与探究。此外，借鉴社会学、心理学等学科的研究成果，消费理论的发展逐渐呈现数理化、多学科交叉发展的态势。我国对消费的研究更多是追随国外消费理论的前沿与最新进展，直接运用或稍做修改，缺少对于我国特有的国情与经济现象的解剖与解释。

1.2.2 消费者行为与消费需求的一般理论

由于消费与微观经济学中的居民经济行为、消费者效用、幸福感以及宏观经济学的社会总消费需求密切相关，经济学界为此开展了大量的理论与实证研究。从20世纪30年代中期开始，消费有关理论的演进大体可分为确定性条件下和不确定性条件下的消费理论。20世纪80年代在现代应用经济学的发展过程中行为经济学的出现是一大亮点，考察心理特征的消费行为理论是消费理论研究的前沿。其中，确定性条件下的消费理论主要有绝对收入假说、相对收入假说、持久收入假说、生命周期假说；不确定性条件下的消费理论主要有随机游走假说和预防性储蓄理论；考察心理特征的消费行为理论通过模型构建体现，主要有行为生命周期模型、双曲线贴现消费模型、动态自控偏好消费模型、估测偏见消费模型。

20世纪30年代中期到50年代中期，研究主要以绝对收入假说和相对收入假说为主流消费理论的代表。绝对收入假说是指居民的实际消费支出是居民现期可支配收入的函数，该假说得出了以下几点结论：一是个人实际消费与实际收入之间存在稳定的函数关系；二是边际消费倾向大于0小于1；三是平均消费倾向为消费支出除以绝对收入，因此当个人收入下降时，个人的平均消费倾向上升，当个人收入增加时，其边际消费倾向递减。后来，西蒙·库兹涅茨的"库兹涅茨反论"，即个人具有较为稳定的平均消费倾向，使得凯恩斯的平均消费倾向随着收入增加而递减并不成立，绝对收入假说的理论局限性因此暴露无遗。杜森贝利的相对收入假说之所以具有一定的影响作用，是在于它很好地解释了消费对于经济周期稳定的作用，主要体现在示范效应和棘轮效应。相对收入假说指出消费者收入的分配状况及消费者历史上最高的收入水平决定消费，杜森贝利的消费观点与凯恩斯的绝对收入假说不同点在于，他并不同意凯恩斯关于消费行为的假定，诸如消费行为不受他人影响、消费只受当期收入影响，他认为消费行为受到其身边人的消费行为及收入的影响，不仅与现期收入有关，还受到曾经达到的最高消费水平影响。

弗里德曼在1957年出版的著作《消费函数理论》一书中对以上两种假说予以否认，提出了持久收入假说。该假说认为人们的消费很大程度上取决于其长期预期收入，消费是长期的持久收入的函数，并不是短期的实际收入的函数，它与莫迪利安尼的生命周期假说互为补充，都运用了费雪的消费者理论。因此，弗里德曼认为要注意区分暂时性和持久性的收入与消费。如果说持久性收入是平均收入，那么暂时性收入就是对平均值的随机偏差。平均消费倾向取决于持久收入与现期收入两者之间的比率，若现期收入暂时高于持久收入时，平均消费倾向暂时下降，反之则暂时上升。考察时间序列数据发现，人们的平均消费倾向是不变的。20世纪50年代初到70年代末除了持久收入理论居于主导地位以外，还有莫迪利安尼等提出的生命周期消费函数理论。在这之后，理性预期革命将消费理论的研究推到一个新的高度，不再强调对函数的构造，而是重点突出变量之间的相关性。理性预期学派认为，虽然持久收入与消费之间存在结构性关系，但是由于影响消费的因素变化，经济学中很难推测永久收入，因此构造消费需求函数意义不大。

不确定消费理论中的随机行走理论是由霍尔提出，他将持久收入理论和卢卡斯的理性预期理论相结合，假定消费函数为二次效用函数，考察的是消费者效用最优化的欧拉方程。随机行走理论主要说明人们的消费支出沿长期趋势呈现随机行走的趋势，消费的变化是不可预见的，这一理论的主要贡献在于阐明了预期在消费函数中的关键作用。稳定公众的心理预期是政府政策制定目标之一，从某种程度来说，随机行走理论的提出与研究方法对政府制定宏观经济政策有帮助与启示，需关注居民的消费预期。假设 R_t 是无风险的常量收益率，对于全部 t，就必然存在 $R_t = R > 1$。于是，式子意味着 $E_t u'(C_{t+1}) = (\beta R)^{-1} u'(C_t)$，这个公式就是霍尔1978年的结果，不仅消费的边际效用服从单变量的一阶 Markov 过程，而且只要信息集包括滞后期的 $u'(C_t)$，信息集的其他变量就不能帮助预测 $u'(C_{t+1})$。预防性储蓄动机理论认为消费者之所以要进行预防性储蓄，是因为那些风险厌恶的消费者为了预防未来收入与支出的不确定性导致的消费下降。消费者对风险越厌恶，其预防性储蓄就越大。预防性储蓄动机理论的代表人物是立兰德，他得出当效用函数三阶导大于0时，消费的边际效用函数为凸函数时，在不确定性下预期未来消费的边际效用会大于确定性条件下消费的边际效用，因此，消费者的消费较为严谨，强调了储蓄的重要性，解释了消费与储蓄的行为。人们不仅在个人生命周期内有效配置其资源，同时还要对不确定性事件具有正向预防性储蓄动机。

1.2.3 家庭生命周期假说的有关消费研究

（1）国外家庭生命周期假说的有关消费研究

莫迪利安尼和布龙伯格生命周期假说（Life-cycle Hypothesis）的提出是现代消费和储蓄研究的理论基础。莫迪利安尼"最简单生命周期模型版本"是假设没有不确定性，人们仅会在退休时点上出现收入的变化，并且其一生各个时期的消费是相等的。该理论认为人们当前消费并非由当前可支配收入决定，为达到人们一生的消费最优配置，理性的消费者往往会充分考虑其一生中所获得的收入，通常在年轻时通过工作获得正储蓄，在年老退休后为负储蓄（见图1-1），因此通过"驼峰型"的储蓄来平滑各期消费，这样才会使人一生中消费平滑，使得收入与消费相等，减少消费波动。莫迪利安尼消费者行为的生命周期模型很好地解释了西蒙·库兹涅茨所提出的平均消费倾向并不一定随收入增加而下降的现象。

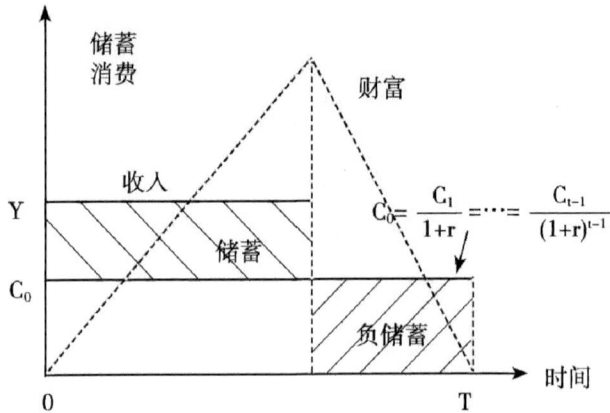

图1-1 生命周期消费模型

当前，研究消费的跨期决策问题大多在生命周期假说的框架下进行，在此框架下，消费者在任一时期的收入波动都可以通过储蓄来应对，而每一时期的消费水平取决于资源禀赋、利率、风险偏好以及替代弹性等多种因素，单一因素如收入并不能对其形成决定性影响，该模型可衡量总增长与总储蓄之间的关系。基于生命周期假说，学者对人口年龄结构与储蓄率两者之间的关系开展了大量的实证研究。有的是通过跨国数据进行横截面回归（Leff，1969；Modiligliani，1970），有的则运用协整分析等计量经济方法得出少年抚养比、老年抚养比对储蓄率的关系（Horioka，1997；Wilson，2000；Loayza et al.，2000；Thornton，2001；Hondroyiannis，2006）。生命周期消费模型后来扩展到收入和支出的不确定性、预期寿命的不确定性、流动性约束、预防性储蓄、休闲选择以及遗赠动机等（Deaton，1992；Browning、Lusardi，1996），有随机游走假说、预防性储蓄假说和损失厌恶假说等。此外，还有将受教育、生育决策、劳动力供给、退休事件等纳入生命周期模型的框架中分析消费和储蓄行为，如分析受教育程度不同的两类群体，他们的可支配收入与非耐用品消费之间的关系，可支配收入的波动明显大于非耐用品消费的波动，并进一步分析按年龄和受教育程度分组的队列中居民可支配收入和非耐用品消费之间的关系，再进一步细化队列中人均可支配收入与人均非耐用品消费的关系，显然消费曲线平坦的多

（Carroll&Summers，1991；Attanasio&Weber，2010）。

生命周期模型在随后半个多世纪的时光里得到了许多学者的不断检验、修正与完善。Goldin&Katz（2008）的研究证明了随年龄变动的消费与储蓄的生命周期变化路径，如使用某一年份的截面数据进行估计将是有偏的，因为不同年份的消费者所处的社会生产率不同，出生环境不同，该年份消费者生命周期消费模型不是完全代表消费者整个生命周期的消费路径。Deaton（1997）通过构造伪面板（Pseudo-Panel）方式来估计消费、储蓄随年龄的变化情况，学者们（Attanasio，1999；Jappelli& Modigliani，1998、Fernández-Villaverde&Krueger，2007；Marcos&Prasad，2010）运用伪面板方法对美国、英国、意大利、中国消费者的消费、储蓄随年龄的变化情况进行了估计。

（2）国内关于生命周期消费假说的研究综述

我国对生命周期假说的研究如同其他主流消费理论一样，在研究消费函数理论基础上，更多是用生命周期假说来验证中国的实际情况，解释我国居民的消费行为。如贺菊煌（1995）[1]根据生命周期假说建立消费函数，并构建了一个符合生命周期假说的总合消费函数（贺菊煌，1996）[2]。宋建军（2002）[3]将此假说运用于我国农民人力储蓄模型的研究中，杨霞（2010）[4]依据扩展的生命周期消费模型预算了我国农民的养老保险需求，还有以生命周期假说为基础分析我国城镇家庭消费与家庭金融之间的和谐关系，研究生命周期的不同阶段、不同收入水平的家庭如何安排家庭消费与家庭金融以及家庭如何在各项金融资产之间进行配置，以达到消费效用最大化。李珊珊（2016）[5]等基于生命周期假说对我国城镇居民家庭消费展

---

① 贺菊煌.根据生命周期假说建立消费函数[J].数量经济技术经济研究,1995(8):3-20.

② 贺菊煌.一个符合生命周期假说的总合消费函数[J].数量经济技术经济研究,1996(2):34-40.

③ 宋建军.莫迪利亚尼生命周期假说与中国农民人力储蓄模型[J].经济学动态,2002(11):55-59.

④ 杨霞.基于灰色模型的中国农民养老保险需求测算——生命周期理论的视角[J].广东金融学院学报,2010(6):94-102.

⑤ 李珊珊,穆怀中.基于生命周期假说的中国城镇居民家庭消费研究——以辽宁省调查数据为例[J].辽宁大学学报(哲学社会科学版),2016(2):81-89.

开研究，少儿比影响家庭的消费水平和消费结构，家庭生命周期的重要指标体现家庭年龄对非刚性消费需求影响显著。

国内学者基于生命周期假说对人口结构与消费两者之间的关系进行了较为深入的研究（王金营、付秀彬，2006[①]；李文星、徐长生，2008[②]；郭大昊，2008[③]；宋保庆、林筱文，2010[④]），同时，也有学者如汪伟（2010）[⑤]基于生命周期假说分析人口年龄结构变化对居民储蓄的影响等，当然，也包括国外学者利用生命周期模型并以中国为案例地进行相关分析，Modigliani&Cao（2004）得出中国的人均收入和人口结构是影响居民储蓄的两大重要因素；Horioka&Wan（2007）认为收入增长率、利率等对中国居民家庭储蓄率影响较大，而人口结构因素影响并不显著，还有Chamon&Prasad（2010）得出老龄化对中国的储蓄率影响甚小。总的来说，我国在生命周期消费假说方面的研究，主要以宏观时间序列数据和截面数据为主，而微观调查数据较少，采用最小二乘回归等方法进行生命周期消费假说对我国居民消费行为和储蓄的实际验证。

1.3 退休消费困境研究现状与进展

1.3.1 国内外研究现状及分析

迄今为止，诸多实证或经验研究表明，居民在退休初期引发的收入波动或其他意外冲击使其难以维持之前较为稳定的消费水平，其消费水平会有明显的下降趋势，显然这与莫迪利亚尼的家庭生命周期假说理论框架的核心观点——居民可通过一生的储蓄和借款或通过边际效用来平滑其整个

---

① 王金营,付秀彬.考虑人口年龄结构变动的中国消费函数计量分析——兼论中国人口老龄化对消费的影响[J].人口研究,2006(1):29-36.

② 李文星,徐长生.中国人口变化对居民消费的影响[J].中国人口科学,2008(3):29-37.

③ 郭大昊.储蓄率,人口结构与收入增长率[D].上海:复旦大学,2008.

④ 宋保庆,林筱文.人口年龄结构变动对城镇居民消费行为的影响[J].人口与经济,2010(4):11-17.

⑤ 汪伟.经济增长,人口结构变化与中国高储蓄[J].经济学(季刊),2010(1):29-52.

生命周期的消费是相违背的，这也被迪顿称为"简单版生命周期消费模型"。退休消费变动的研究之所以运用生命周期假说，是由于该理论模型为有限期模型，在处理退休等特定人生阶段事件时具有优势，退休消费变动问题也引起了经济学者的密切关注。通过总结与梳理发现，国内外学者的研究成果，主要聚焦在退休消费变动的实证分析、退休消费变动的成因、退休消费变动的研究方法等三个核心方面。

1.3.2 国外退休消费变动的研究综述

（1）有关国家或地区居民退休时其消费变动的实证研究

西方经济学者自20世纪80年代，就已经开始关注退休后老年人的生活水平和消费状况，在2000—2010年期间达到研究的高峰期。当个人从自身的工作岗位退出后，其收入的降低是否会导致个人及所在家庭的生活质量的下降呢？学者们对不同国家、不同时期的居民退休后消费研究的经验事实进行了系统而深入的实践层面的考量。国外也针对家庭户做了不少的研究，研究结果产生了理性消费行为理论不能解释的"退休消费之谜"，并被加拿大、英国、美国、日本、意大利等国家的学者开展的大量实证研究所证实，这些研究不仅分析了退休时居民的消费是否会降低，并且讨论了如果降低，具体降低的程度和水平是怎样的，下降的原因是什么。在解释退休后消费下降的原因方面，不同学者持有不同观点，见表1-1。

表1-1 国外退休消费变动的代表性成果

研究内容	时间	代表人物	成果
退休消费之谜	20世纪80年代	Hamermesh(1984)；Robb&Burbidge(1989)	Hamermesh：美国较早研究退休消费的学者，居民在退休时的消费水平相对于其拥有的资产和社会福利水平而言处于很难持续的状态；Robb&Burbidge得出加拿大的蓝领工人在退休时相比退休前的消费变动大于白领工人

研究内容	时间	代表人物	成果
退休消费案例的数据调查与分析、退休消费变动成因	21世纪初	Smith(2006) Bernheim,Skinner&Weinberg(2001) Aguiar&Hurst(2005) Hurdand&Rohwedde(2006) Haider&Stephens(2007) Erik Hurst(2008) Midori Wakabayashi(2006) Miniaci(2002) Battistin(2009) Flavia(2013)	美国退休历史调查数据(RHS)、美国消费支出调查数据(PSID)即收入动态追踪研究;日本家户金融资产选择的调查研究的微观数据(SFACH);意大利家庭预算调查(SFB);英国的家庭消费支出调查成因:退休后收入下降;意外冲击;短视行为;预防性储蓄;工作有关支出下降,用于家庭生产事件增多等等
有关国家的退休消费变动实证研究,研究方法运用	21世纪初	(Bernheim,2001) (Angeletos,2001) (Lundberg,2003) (Miniaci,2003) (Guido Schwerdt,2005) (Haider&Stephens,2007) (Battistin,2009)	在加拿大、英国、美国、日本、意大利等国学者开展的大量的实证研究校准方法、组群分析、回归的方法、断点回归数据类型:截面数据、面板数据

Robb&Burbidge（1989）运用1979—1985年加拿大家庭支出调查的数据，加拿大的蓝领工人在退休时相比退休前的消费变动水平大于白领工人，这与生命周期消费理论不一致，因为通常白领工人在工作时消费的比蓝领工人多，因此退休后消费的变动要比蓝领工人多。

Banks，Blundell&Tanner（1998）通过对英国家庭1968—1992年跨期25年的家庭消费支出进行调查，在运用家庭中成年人的数量、家庭户主的年龄等控制变量的基础上，又分别将存活率、家庭成员就业情况等控制变量加入生命周期消费模型中，得出如果家庭中的户主退休了，那么其消费会降低，因为家庭中的户主控制了劳动力市场的参与，而居民退休后消费年均下降3%，消费支出下降的幅度比收入下降的幅度快，生活中不可缺少的必需品消费支出也会下降；同样在英国，Smith（2006）的研究得出，家庭中户主如为非自愿退休，那么退休后家庭食品支出会下降，如户主是自愿退休，那么退休后家庭食品消费支出不会下降。

Hamermesh是美国较早研究退休消费的学者。他利用美国1973—1975年退休历史调查数据和1972—1973年美国消费支出调查数据，对500名已婚白种人、年龄在62～69岁的退休夫妇获取调查数据得出，居民在退休时的消费水平相对于其拥有的资产和社会福利水平而言处于很难持续的状态，作为对储蓄不足的反应，消费者除了再次加入劳动力市场外，更多的是在退休后的几年中削减其家庭的支出水平；Bernheim，Skinner&Weinberg（2001）使用美国收入动态追踪数据（PSID）得出，被调查家庭在退休前后的食物支出下降了6%～10%，这说明美国也存在退休消费困境。这种消费的下降通常发生在退休后四年内，并且越穷的家庭将经历下降的幅度越大，并得出在退休这个节点，人们的消费会有明显的中断，消费中断程度的大小与居民退休时的储蓄与收入呈负相关；对于多数美国家庭来说，退休时会引发消费支出的迅速递减，抑或产生断崖式下降，这得到包括Hurdand Rohwedde（2006）等在内的多数经济学者的实际论证；Aguiar&Hurst（2005）重点关注居民退休后食物消费和购物模式的变化，结果显示家庭实际购买支出下降了17%，但是他们又论证了家庭消费支出的下降并非意味着家庭实际消费产品或服务效用的降低；Haider&Stephens（2007）得出美国居民的退休如果在退休前是预期到的，那么退休后的消费不会产生明显的变动；Erik Hurst（2008）关注退休后居民的消费行为变化，他认为已有文献显示大多数家庭在过渡到退休家庭后，其消费模式和消费行为并没有存在消费困境之谜，但是居民退休后在具体的消费类别方面会有较大的异质性，如食品以及与工作相关的费用会下降，尽管实际食物摄入量没有减少，而一些非耐用品的消费仍保持不变或者有所增加，同时，在退休后每个家庭消费支出的变化等差异较大，家庭生产、健康状况都对生命周期模型有所冲击。

Midori Wakabayashi（2006）运用日本的邮电政策研究所（IPTP）（当时也被称为日本政府邮电部）在1996年11月发布的旨在对家户金融资产选择的调查研究的微观数据（SFACH）进行分析，其结论创新之处在于不仅退休后的实际消费要低于退休前的消费，而且人们对退休时候的预计消费也要低于退休前的消费，引起这种变化的因素多数是与生命周期消费理论的假设一致。

Miniaci（2002）使用1985—1996年意大利家庭预算调查的截面数据得出意大利居民退休后，其家庭非耐用品总消费会下降，由于意大利家庭的比例较高，虽然其研究尽可能地控制家庭规模，但是结果仍然未改变；Battistin（2009）通过对意大利家户中男性户主退休行为对家庭消费的影响得出退休导致该退休家庭的非耐用品消费下降了8.9%；Raffaele Mimani，efc（2010）运用意大利1985—1996年这一阶段的家庭预算调查的微观数据（SFB），同样证明了当居民家庭中户主退休时，家庭消费会出现一次性的下降，如同英国和美国一样，其退休后与工作相关的消费减少，但是家庭生产食品数量则会增加，他提及引起居民退休后消费递减的原因有诸如偏好变化、闲暇时间增加、低养老金、由于身体健康问题提前退休、个人或家庭的短视行为等，但现实中意大利可以排除低养老金冲击的影响，因为意大利居民退休时一般会一次性拿到他们平日年收入的三倍左右的收入，文中指出意大利居民在退休后非耐用品或消费下降的会非常明显。Flavia（2014）通过意大利家庭收入与财富调查的面板数据（SHIW）考察了退休居民的消费变动问题，由于尚未预料到的退休后的财富冲击导致一生的最优消费计划改变，使得现实中观察到的居民退休后消费呈现下降的趋势，并且分析了不同特质的居民其退休后消费行为的变化，其中，教育层次低，家庭拥有财富较少的人往往在退休时其消费下降会比较明显，而学历高的人一般会平滑其一生的消费，总的来说，退休时居民消费变动与退休是否被预计到关系不大。

近年来，学者们对退休消费问题的研究从未停下脚步。Arna Olafsson、Michaela Pagel（2018）观测了居民退休前后的消费支出、流动储蓄和消费者债务的变化情况，得出个人在退休后其工作与休闲方面的支出会减少，但尽管如此，很难有足够的证据支撑消费支出下降的部分是否真实的与工作相关，他还观测到退休后居民家庭的消费信贷减少，流动储蓄增加，而不是正常理解范围内退休前存钱退休后动用储蓄。Alaudin（2019）利用马来西亚家庭支出调查（HES）2009—2010年的横截面数据，运用贝叶斯分位数回归模型来研究退休消费之谜，得出的结论同样是退休后消费下降是显著的，并且具有回归分布效应即在较低百分位时退休后消费下降较大，在较高百分位时下降较小，高消费退休人员（或高收入退休人员）退休后消费降幅较小。作者将消费支出分为总消费支出、与工作相关的消费支出和非工作的消费支出，很明显，与工作相关的消费支出下降幅度大，非工作层面的消费支出则分布不同。

（2）居民退休后消费下降的成因分析

从以上的文献看出退休引起消费支出的非连续下降已达到学术界基本一致的观点，但对于退休消费困境成因的研究却有不同的解释。概括来说影响居民退休时消费水平的因素大体可分为两方面：一是消费者非理性认识的原因；二是意外因素等冲击。具体有居民退休后的收入、居民自身对其退休后生活质量的要求、退休保障及退休的资产累积、通货膨胀、是否需要为子女留遗产或为下一代付出更多的努力等。但 Kotlikoff（1982）、Ameriks（2002）、Hurd&Rohwedder（2003）等用生命周期消费理论很好地解释了居民退休后的消费比退休前消费减少的原因，Kotlikoff（1982）运用美国1969—1973年的退休历史调查数据，研究了人们究竟要为退休做怎样的准备，而其中的老年群体储蓄不足因素并没有产生系统性的问题；Hurd&Rohwedder（2003）运用2000年美国健康和退休研究以及相关补充调查，以2001年10月的健康与活动邮件调查（CAMS）的数据为分析基础，指出退休时的实际支出相比预期的平均退休支出降低了20%左右，居民退休后其实际平均消费下降了15%，当受访人的年龄接近退休制度设置的年龄时，其预计退休后的消费支出下降水平接近于退休后实际发生的消费支出下降，原因是退休后不再有与工作有关的消费支出，部分家庭生产与劳务的增加取代了市场商品和服务的购买；Ameriks（2002）运用2000年教师保险与年金协会、高校股票与养老基金参与者这两项调查数据得出退休后居民实际消费的下降比预期的下降要小很多，其实这与 Hurd&Rohwedder（2003）的研究结果是一致的。

Hamermesh（1984）分析了居民消费与终生财富两者之间的关系，他通过退休人员拥有资源较少的视角如家庭储蓄不足来解释居民退休后无法维持工作时的消费水平；Banks et al.（1998）认为人们在退休时养老金收入明显比工作时的收入降低这个事实之前是没有预料到的，由于这些尚未预料到的负面冲击影响了退休后的消费水平；Bernheim（2001）认为人们在退休时的消费与退休前相比有个比较明显的中断，退休前的财富变动如退休前不理性的财产计划导致了意外的收入紧张问题的出现；Hurst（2008）、Hurd and Rohwedder（2003）指出居民退休后消费下降的原因在于与工作有关的支出下降，并且一些家庭生产替代了市场活动；Lundber（2003）指出由于通常家庭中女性比男性的寿命要长并且偏好储蓄，所以丈夫退休后其妻子讨价还价能力增强，使得家庭因储蓄增加而减少了消费；Aguiar&Hurst（2005）认为美国的居民在退休后会有更多的闲暇时间用于家庭生产，实现自给自足，同样也有了更多的购物时间去挑选物美价廉的商品，尽管消费支出出现了下降，但由于居民用时间支出替代货币支出，个人所获得的效用并未下降，家庭消费之谜其实并不存在；Smith（2006）认为非自愿退休是英国男性退休后食品类消费下降地重要原因之一；Battistin（2009）通过研究发现意大利居民退休后消费下降主要体现为非耐用品消费下降，原因在于户主家庭中需照顾的子女数减少了；Midori Wakabayashi（2006）在《日本的退休消费困境》一文中较为详细地归纳出居民退休后消费下降的成因，主要有以下四点：第一，由于人们在工作时还需要照顾子女，而往往退休后子女逐渐开始独立，甚至与其父母分开居住，这种情况下该家庭的消费支出就会减少；第二，工作的时候会产生一系列与工作相关的支出费用，而退休后这些费用就不再存在，取而代之的是闲暇消费的增加，如果消费与闲暇是替代品，那么退休后闲暇会减少，而如果退休和闲暇是互补品，那么闲暇就会增加；第三，由于个人在退休前遇到了事先难以预料的事，如疾病、退休年龄制度改革或市场环境变化等被迫要求提前退休，抑或是居民在退休前由于市场改革、股市震荡、社会养老金制度变化等市场环境变化，使他们预计退休后的收入会下降，故消费递减；第四，由于居民个体对未来缺乏预见性、意志薄弱，即使他们尚未面对什么意想不到的冲击，他们也会因为退休收入的减少而减少消费。

（3）退休消费变动的数据获取与实证分析方法

Banks（1998）通过对英国家庭截面数据进行伪面板构造，将家庭的出生日期划分归为某一世代，并在此基础上分析每一世代居民在退休时消费水平的变化；Bernheim（2001）使用美国收入动态面板研究数据（PSID）和消费支出调查数据（CEX）；Angeletos（2001）使用PSID和消费者财务调查（SCF）数据运用校准方法，得出双曲线贴现效用函数对退休时消费下降能更好拟合，Lundberg（2003）同样使用PSID数据分析美国家庭在面对退休时的消费变化，运用家庭生产的规模效应等原理分析不同家庭类型如单身家庭的退休消费变动情况；Miniaci（2003）借助意大利家庭预算调查和关于家庭的收入和财富的银行调查两组数据运用组群分析的方法对退休消费困境开展研究；Guido Schwerdt（2005）将德国社会经济面板调查数据对退休时间等进行数据设定，家庭同样设定组群，用回归的方法分析整个数据样本以及组群分类后的样本退休后的平均消费情况；Midori Wakabayashi（2006）在对日本退休消费困境分析时，使用截面数据对居民预计退休后的消费变动进行研究，他认为多数文章普遍使用面板数据的弊端在于：首先是很难区分出居民是按照计划退休还是提前退休抑或是延迟退休；其次是面板数据较少有长时间的跨度，由于个体在刚退休时往往要偿还税收、贷款等，因此，退休后的消费比刚退休时的消费要高，运用预计退休后的消费就会很好的规避这些问题；Haider&Stephens（2007）采用消费者主观退休预期作为对退休的工具变量，结果表明预期和非预期的退休年龄都对退休后的消费支出产生下降的影响，不符合生命周期标准模型的预测；Battistin（2009）采用间断点回归（RD法）分析意大利退休家庭消费下降的实际表现及原因。

1.3.3 国内关于退休消费变动的研究综述

国内对于居民退休后消费行为的研究近几年才刚刚起步，显得较为滞后。几乎都是定量研究，定性层面的研究尚少。就"退休消费困境"而言，宋泽（2011）[①]借助1995—2001年的中国家庭收入项目调查数据得出退休效应对家庭消费支出造成了负的影响，并指出家庭总收入是退休时期影响家庭消费支出的显著因素，但是尚未详细对中国家庭进行不同收入组群的划分；张克中等（2013）[②]获取了来自中国健康与营养调查居民的食物消费数据，运用OLS模型和IV模型，证实了我国城市居民存在"退休消费之谜"，但由于数据选取的局限性，尚未获取除家庭食物消费以外的其他消费情况，并且对家庭消费的食物不是通过每种食物的价格和种类进行计算，而是通过食物摄入的营养成分等指标来衡量；杨赞等（2013）[③]借助中国城镇住户调查数据分析老年的消费行为，重点关注"退休消费之谜"的存在与否，研究指出，老年人高度关注个人健康层面的消费，其消费具有较高的收入弹性，支出水平在退休后不仅没下降，反而还会提升2—3个百分点，由此指出开拓老年市场的重要性；张彬斌等（2014）[④]采用2011年中国健康与养老追踪调查基线调查数据，运用断点回归法（RD）指出家庭中户主退休对家庭的消费有较低的抑制作用，家庭消费结构产生相应调整，但并不是每个消费类别都是下降的，所以"退休消费之谜"某种程度上并不存在；李宏彬等（2015）[⑤]同样采用断点回归法得出居民退休后，除了家庭非耐用品消费、与工作相关支出、在家的食品支出三项消费下降外，其他消费在退休前后没有显著变化，说明退休后消费并没有发生实质性变化。邹红等（2015）[⑥]同样运用UHS数据，设计了断点回归，运用工具变量参数估计法

① 宋泽.退休消费困境研究:中国城市居民经验数据[D].长沙:湖南师范大学,2011.

② 张克中,江求川.老龄化,退休与消费——中国存在"退休-消费之谜"吗?[J].人口与经济,2013(5):10-18.

③ 杨赞,赵丽清,陈杰.中国城镇老年家庭的消费行为特征研究[J].统计研究,2013(12):83-88.

④ 张彬斌,陆万军.中国家庭存在退休者消费之谜吗?——基于CHARLS数据的实证检验[J].劳动经济研究,2014(4):103-120.

⑤ 李宏彬,施新政,吴斌珍.中国居民退休前后的消费行为研究[J].经济学(季刊),2015(1):117-134.

⑥ 邹红,喻开志.退休与城镇家庭消费:基于断点回归设计的经验证据[J].经济研究,2015(1):124-139.

和非参数估计法等定量研究了来自政府、事业单位等正规部门退休人员，以及城镇的50～70岁男性户主退休时对其消费影响的因果效应。此外，邓婷鹤（2016）①将研究的点聚焦在居民食物类消费在退休后的变化上，探讨出家庭生产后个人在时间方面的付出使得食物类消费支出虽然下降，但是其数量与质量层面并没有减少。黄娅娜等（2016）②基于1992—2003年的数据研究得出我国城镇居民退休后消费基本上是平滑的。石贝贝（2017）③分析了"中国健康与养老追踪调查"数据，得到了全国城乡老年人消费水平较全国平均水平低的结论，其又用多元回归和单因素方差分析法对老年人消费的决定性因素进行了分析，发现收入、教育、良好的家庭互动、健全的社会保障体系等因素有利于老年人消费潜力的释放。刘利（2017）④把习惯偏好和退休冲击纳入传统AIDS模型，构建了动态LA/AIDS模型，采用广义矩估计法和FE-IV估计法对2003—2014年中国26个省市城镇居民面板进行分析，得出退休冲击对消费结构的影响在低收入地区不显著，在高收入及中等收入地区显著的结论。赵昕东等（2018）⑤利用中国健康与养老追踪调查（CHARLS）数据和刘利（2018）⑥利用中国家庭动态跟踪调查（CF-PS）得出了想同的结论：退休对总消费没有影响，但赵昕东等指出虽然退休对总消费没有影响，但是退休使老年人的消费结构发生了变化，老年人在衣着消费、外出就餐消费、美容保养和家庭旅游等方面的消费显著下降，但在与生活体验有关的消费，如燃料费和食物支出等大幅增加。

---

① 邓婷鹤.再议"退休消费之谜"——来自食物消费的证据[J].经济与管理评论,2016(4):144-151.

② 黄娅娜,王天宇.退休会影响消费吗？——来自中国转型期的证据[J].世界经济文汇,2016(1):87-107.

③ 石贝贝.我国城乡老年人口消费的实证研究——兼论"退休—消费之谜"[J].人口研究,2017(3):53-64.

④ 刘利.习惯形成、退休冲击与城镇居民消费结构[J].统计与信息论坛,2017(9):89-97.

⑤ 赵昕东,王昊.退休对家庭消费的影响——基于模糊断点回归设计[J].武汉大学学报(哲学社会科学版),2018(1):168-175.

⑥ 刘利.退休如何影响城镇家庭消费——基于断点回归法的CFPS数据验证[J].人口与经济,2018(6):68-80.

1.3.4 对现有研究的评述

我们通过不断整理归纳国内外有关消费研究的生命周期假说、退休消费变动等大量文献资料，发现国外早在20世纪80年代就有学者开始关注退休消费的研究，21世纪初关于退休消费的相关专题研究已成为热点，成果数量激增。国外学者主要以微观调查数据的视角，从关注生命周期模型的框架内人口年龄结构对消费的影响，"退休消费之谜"存在与否等开始逐步向退休消费变动成因、退休消费案例的数据调查与分析等扩展开来，从各种角度对退休消费变动开展研究，而且相关研究不断深入，研究方法从OLS估计、面板固定效应估计到断点回归方法，但是关于"退休消费之谜"问题一直尚无定论。国内的研究视角更多是从教育改革、医保改革等方面进行，而针对人口老龄化加速背景下退休对消费的影响研究相对滞后，其主要是在借鉴国外相关理论成果基础上，将研究的关注点聚焦在定量研究方面，尚未形成退休对消费变动影响研究的成熟体系，还有待在以下几方面进一步突破：

首先，由于国外的城市化水平较高，对退休消费变动的研究重点在于城市，而我国在经济发展水平、城市化水平、人口老龄化、退休制度、家庭思想观念等与国外有着较大的差异，因此不能完全照搬国外的理论与方法，对退休的关注不仅要关注城市也要关注农村，应根据中国的国情进行系统而深入的研究，与世界上其他国家相比，对中国退休居民消费变动的特殊性研究有待加强。

其次，相关文章在进行定量研究时忽略了实地调查的重要性，对退休前后居民消费现状、消费行为、消费心理以及出现退休前后消费变动问题的深层次原因分析等在内的描述性和概念性层面归纳、整理上把握不够，对退休对消费的影响机理和路径进行研究的理论层面成果尚不多见，且缺乏对不同区域、不同城市的典型案例分析，长时段跟踪研究有待深入。

最后，由于定量研究获取数据有限，有的研究往往只针对一个年龄组的退休消费行为，而针对不同年龄组的退休消费情况进行比较研究的少。

具体的某一年龄组的退休消费行为由于受出生环境、生产力发展等情况影响并不完全适用于其他年龄组的退休消费情况。还有的研究选择的微观数据仅限于较好执行退休制度的正规部门的退休消费情况，并不适用于在非正规部门工作的居民退休消费情况，这些都有待对不同部门的居民开展深入的研究。

总体而言，关注退休前后居民的消费行为、消费变动轨迹等对宏观经济持续协调发展的影响，对老年人口的福祉保障等都具有重要的研究价值与意义。

1.4 主要研究内容

（1）结合我国的现实国情，以生命周期假说等消费理论为指导，对人口老龄化背景下我国居民退休后的消费情况进行分析，重点突出人口老龄化、退休与消费变动之间的关系。

（2）探讨影响退休居民消费变动的主要因素及变动路径机制，分析收入与家庭财富，医疗支出不确定性，遗赠动机，老年心理，消费观念，社会保障制度，受教育程度等因素对居民退休后消费的影响，重点梳理退休居民消费变动的路径与机制。

（3）选择上海为代表性城市进行有关居民退休后家庭消费变动的实证研究，采用动态追踪的面板数据，分析退休对消费水平的总体影响以及对不同种类消费支出的影响。

（4）分析我国居民退休前后的消费行为，选择上海市为案例城市，开展问卷的调研以及深度访谈，选取有代表性和典型性的四名退休居民的日常消费行为与生活，开展个案研究。重点分析居民退休后消费水平与消费结构的变化，以及影响居民退休后的消费行为的主要因素。

（5）分析美国、日本两国关于居民退休后消费研究的成果，总结美、日两国应对居民退休后消费变动的举措，提出我国老龄化背景下扩大退休居民所在家庭消费需求的建议。

1.5 技术路线

本书主要以经济学、人口学、社会学等多学科理论为指导，在消费函数、生命周期模型等消费理论基础上，关注老年人口消费特征，研究人口老龄化背景下我国居民退休后的消费，深入分析退休居民消费变动的影响因素及变动路径与机制，通过模型构建与计量经济研究方法，研判退休居民的消费变动情况，提出扩大退休居民消费与发展老年产业的对策措施，以期为我国开展更加深入全面的老年消费研究提供一些建议，为相关经济和社会政策制定提供依据。技术路线设计见图1-2。

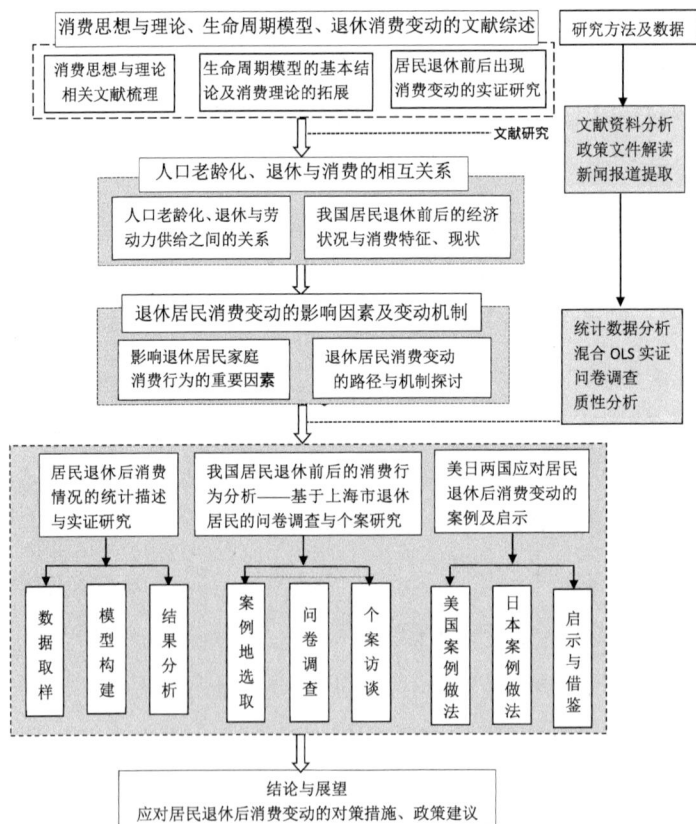

图1-2　技术路线

1.6 创新之处

本书深入研究居民在退休前后的消费行为变动情况，并在实证与定性分析的基础上加强对居民退休后消费变动水平和消费结构的变动因素及影响机制的分析研究，旨在研究退休后居民的消费行为，考察退休居民步入老年后其消费模式和消费结构的变化，提出有效扩大退休居民消费以及提供老年人偏好的产品与服务，特别是如何发展老年产业的对策与措施，以有效应对人口老龄化的冲击与经济可持续发展的要求。

本书的创新之处在于：第一，未照搬国外生命周期经典理论模型，而是结合我国有关退休制度及居民消费的特征进行相关变量的选取与数理模型的构建，始终将退休与消费两者之间的经济关系贯穿在模型的构建分析与研究结果中；第二，注重分析人口老龄化严重的上海市居民退休前后消费变动与消费行为的特征及影响因素，探讨居民退休对消费的影响机理和路径；第三，实证部分运用CFPS微观动态数据库（目前在国内的研究中鲜少有运用此数据库）进行退休消费模型的构建，采用计量方法定量测度我国居民退休后在消费水平、消费结构等方面的变化，并尽最大可能减轻内生性的问题，力求获得较为可靠并符合现实的估计。

第二章　人口老龄化、退休与消费的相互关系

　　有学者认为，自20世纪60年代中期开始，我国在经济发展与运行过程中就享受人口红利对经济的推动作用[①]。Bloom（1998）认为当劳动年龄人口即生产性年龄段的人口比重高，劳动力的抚养负担较轻时，社会储蓄率通常会较高，这会有利于经济增长，简称为第一人口红利。抚养比是第一人口红利的重要指标。人口年龄结构在人口转变过程中呈持续动态变化，我国人口年龄结构类型正逐渐从"年轻型""成年型"向"老年型"迈进，但老龄化并不意味着人口红利的完全消失，倘若政府能制定适宜的政策，促进社会政策的合理变化与调整，社会主体能对自身行为进行约束与规范，有效提高人力资本价值，将会产生继续推动经济增长的第二人口红利。显然从第一人口红利向第二人口红利的过渡是艰难的，特别是第二人口红利阶段的改革任务与困难会加剧。有学者认为中国经济增长的第一人口红利将日益耗竭，人口老龄化引发的劳动力供给长期大于劳动力需求的情形将发生改变，"刘易斯拐点"正悄然朝我们走来，相比日本、韩国、新加坡，我国在非常低的人均GDP水平上就开始丧失第一人口红利，这需要对人口年龄结构特别是劳动力供需变动进行深入思考。

　　老龄化是人口在自然变动过程中出现的年龄结构老化的人口发展问题，也是经济社会发展到一定阶段的必然产物，老年人口的增多对社会经济的影响是一个较为复杂的过程，影响着资本积累和经济增长，不可低估。目前，国际上通用的衡量人口老龄化或一国或地区进入老龄社会的判定标准为该国或地区60岁及以上的人口占比达到10%，或65岁及以上人口的比重

　　[①] 柳清瑞，金刚.人口红利转变、老龄化与提高退休年龄[J].人口与发展,2011(4):39-47.

达到7%。据相关统计显示：世界上所有经济发达国家或地区都已步入老龄化社会，中国在2000年时进入老龄化国家行列，是较早进入老龄社会的发展中国家之一①。受政治经济、社会文化、人口惯性、人口乘数等因素作用，我国老龄化具有与其他国家的共性，但在发展特征与变化趋势等方面具有较为鲜明的自身特性。老年群体本身与其他群体相比，有着异质性，这主要表现在老年人的素质差异较大，包括身体素质和受教育程度、个人经历、所在家庭环境等；老年群体的经济基础和社会基础以及生活的环境也不尽相同，涉及他们切身利益的社会保障、收入、消费与储蓄差异明显。

2.1 我国老年人口和老龄化现状

纵观新中国成立以来我国已开展的六次全国人口普查②。1953年第一次全国人口普查数据显示，我国的人口年龄结构类型为"成年型"。20世纪60年代我国生育率提高较快，1964年第二次全国人口普查数据显示我国65岁及以上年龄的老年人占比仅为3.56%，按照联合国1956年将老年人口比重按一定比例划分的标准，当时我国尚处于"年轻型"人口年龄结构。可以认为，从新中国成立到60年代这段时期，我国的人口年龄结构是趋于年轻化的。20世纪70年代我国开始实施计划生育政策，随着人口出生率的降低与平均预期寿命的增长，1982年第三次全国人口普查数据显示我国65岁及以上老年人的比例为4.91%。这之后，经济水平的提高，人们生育意愿的变化，导致我国总和生育率与死亡率持续降低，老年人口绝对数和老

---

① 根据1956年联合国《人口老龄化及其社会经济后果》确定的划分标准，当一国或地区65岁及以上老年人口数量占总人口比例超过7%时，则意味着该国或地区人口步入老龄化。1982年，联合国"老龄问题世界大会"上确定60岁及以上老年人口数量占总人口比例超过10%，则意味着该国或地区进入人口老龄化。2000年我国65岁及以上人口占总人口比重为7%，这一项指标已达到1956年联合国确定的老龄社会的标准。

② 六次全国人口普查时间：第一次（1953年）、第二次（1964年）、第三次（1982年）、第四次（1990年）、第五次（2000年）和第六次（2010年）。

年人口在总人口中的比重不断增加，如果说第三次人口普查我国的年龄结构类型为"偏成年型"的话，那么到1990年第四次人口普查时就是"偏老年型"，我国65岁及以上人口的比重为5.57%。2000年，60岁及以上人口数占比已达10.33%，65岁及以上人口数占比约为6.96%，标志着我国正式步入人口老龄化国家的行列，这五次人口普查的数据充分体现了我国人口年龄结构由"年轻型"向"成年型"，进而再向"老年型"变动的趋势。2010年我国60岁及以上人口占比为13.26%，在十年间这项指标提高了近3个百分点；而65岁及以上人口比重在十年间也提高了近2个百分点，可见我国人口老龄化、高龄化的发展速度之快。

除了用老年人口比重指标刻画人口老龄化特征外，人口老龄化还有另一指标——老年抚养系数。低生育率和低死亡率带来的是老年抚养系数的明显提高。2010年，我国的老年抚养系数超过了10%，社会赡养老人承受的压力在不断增大。同时，老年人口的绝对数和增长率都在增加。"一普"时65岁及以上老年人比重为4.41%，到"六普"时就达到了8.87%，老年抚养系数也从7.4%上升到11.9%，11.9%的老年抚养系数意味着每八个人中至少要负担、抚养一位老年人。我国历次人口普查的人口老龄化相关指标数据，见表2-1。

表2-1 我国历次人口普查的人口老龄化相关指标数据

年份	总人口数(万)	60岁及以上老年人		65岁及以上老年人		老年抚养系数
		绝对数	占总人口的百分比	绝对数	占总人口的百分比	
1953	60194	4635	7.7%	2649	4.41%	7.4
1964	72307	5134	7.1%	2603	3.56%	6.5
1982	101654	8234	8.1%	4991	4.91%	8
1900	114333	9604	8.4%	6368	5.57%	8.3
2000	126583	13076	10.33%	8811	6.96%	9.9
2010	133972	17765	13.26%	11883	8.87%	11.9

通过分析中国统计年鉴发布的相关数据，我们可以看出，我国0～14岁少年儿童占比在下降，15～64岁、65岁及以上老年人占比却一直在上升。15～64岁这个年龄段中有很大一部分人为劳动年龄人口，劳动年龄人口比重的上升从另外一个侧面也反映未来我国退休人口、老年人口将会逐渐增加。另外，少儿抚养比自1990年以来呈逐年递减趋势，少儿抚养的负担明显在减轻，而老年抚养比正好与之相反，呈逐年递增的发展态势，总抚养比整体呈递减趋势，主要是因为少儿抚养比的下降拉动了总抚养比，2000年降到了最低点，但自2000年以来下降趋势稍显放缓，特别是在2013年、2014年这两年总抚养比相比上一年反而略有上升。

2017年，我国65岁及以上老年人口的比例为11.4%，老年抚养比达到15.9%，是1990年以来的最高值，这说明我国的人口年龄结构正在快速老龄化。之所以如此突出人口年龄结构以及人口抚养比的重要性，是因为人口年龄结构对经济的宏观、微观层面都会产生影响，不仅会影响到消费水平与消费规模、储蓄与投资，还会对企业劳动力成本、公共投资规模与方向，甚至一国或地区的就业结构、产业结构、经济竞争力等带来冲击与影响。显然，优良的人口年龄结构使得劳动力供给充足，人力资本的提高就会形成良好的生产要素供给，从而有利于资源的优化配置和全要素生产率、储蓄率和资本回报率的提高。未来我国逐渐老化的人口年龄结构势必会增加劳动力负担，影响经济的持续、稳定与快速发展。

2.2 我国劳动力参与的特点与供给现状

改革开放的前三十年，我国的劳动力供给曲线几乎是水平的，劳动力工资和产品生产成本较低，这种比较优势使得我国成为全球制造业生产基地。近年来，由于劳动力人数下降，我国劳动力过剩、人口红利现象逐渐消失。工资与劳动力短缺的压力使得绝对成本优势丧失，我国劳动力供给曲线开始变得越来越陡峭。劳动力短缺导致劳动力工资上涨，劳动力综合成本上升与汇率的上升，与电力、天然气等能源成本增长，交易费用较高等是我国制造业成本不断上升的主要原因，过去以劳动力作为经济增长的主要驱动因素，劳动力优势的消失已经不可逆转，制造业的竞争优势开始下降。

2.2.1 中国劳动力供给与参与现状

受计划生育政策因素影响，劳动力净减少将越来越大。我国男性的劳动年龄一般为 16~60 周岁，女性为 16~55 周岁。国家统计局在 2013 年前一直将劳动年龄人口界定为 15~59 岁（15 岁以上不满 60 周岁）。国家统计局 2012 年发布的《国民经济和社会发展统计公报》数据显示：2012 年我国出现了劳动年龄人口的首次绝对下降，当年我国劳动年龄人口 93727 万人，比 2011 年减少了 345 万人；2012 年劳动年龄人口占比为 69.2%，比 2011 年末下降了 0.6 个百分点。2013 年，国家统计局调整了劳动年龄人口的统计口径，16~59 岁为劳动年龄人口，结果显示该年龄段劳动年龄人口为 91954 万人，占比为 67.6%，比 2012 年减少了 244 万人。2014 年，我国劳动年龄人口数为 91583 万人，比上年末减少了 371 万人，占比为 67.0%。我国劳动年龄人口的绝对数量在下降，并且在总人口中的比重也在下降。值得一提的是，劳动年龄人口包括 16 岁以上尚未工作的学生和退出劳动的劳动年龄人口以及没有就业意愿的人口，2014 年实际劳动力人口低于劳动年龄人口近 1 亿，实际劳动抚养比偏低。

国家统计局数据显示：2017 年底我国 16~59 岁（含不满 60 周岁）年龄阶段的人口总数为 90199 万人，占同期国内人口总量的 64.9%。2017 年年末全国就业人员 77640 万人，依此推算 2017 年底我国就业人口占劳动年龄人口总数的 86.08%。中国社会科学院发布的《社会蓝皮书：2015 年中国社会形势分析与预测》数据指出，我国劳动年龄人口总计到 2050 年将减少 2.5 亿，未来减少的劳动力人口将在 2 亿左右。劳动年龄人口下降是必须要面对的现实，老龄化带来劳动力成本的上升也是时代所趋。

与此同时，近三年老年人口的比重在持续上升，2012 年，我国 60 周岁及以上人口 19390 万人，占总人口的 14.3%，比上年末提高 0.59 个百分点。

2013年为20243万人，占总人口的14.9%，65周岁及以上人口13161万人，占总人口的9.7%，其中60周岁以上人口增加853万人，占总人口比例增加了0.6个百分点。粗略估计，这一年我国退休人口数有800多万人，劳动力人口减少了244万人，则相比上一年减少了1000多万的劳动力人口。2018年，我国60周岁及以上人口24949万人，占总人口的15.5%，65周岁及以上人口16658万人，占总人口的11.9%。随着劳动力人口比重的下降、老年人口比重的上升，不可避免会影响到我国的经济增长速度。

2.2.2 按年龄别统计的我国劳动力市场参与的特点

按照国际劳工组织的界定，我们将15～65岁的劳动年龄人口划分为低龄劳动力人口（15～24岁）、中龄劳动力人口（25～44岁）和高龄劳动力人口（26～65岁）。2010年我国分年龄别的劳动力人口比重与2000年相比均有下降。其中，低龄劳动力人口比重由2000年的22.72%到2010年的22.9%，几乎持平，而中龄劳动力却下降了5个百分点，高龄劳动力的比重由27.24%增加到32.68%[①]，可见，我国劳动力参与的状态日渐老化。

根据第五次、第六次全国人口普查数据"劳动年龄人口占总人口的比率"变化，以四川、安徽、上海、山东四省市为例，中龄劳动力人口占总人口的比重除了上海，其余三省市都降低了。上海从2000年的36.18%提升到36.61%，山东下降最快，由2000年的38.28%到2010年的28.45%。山东低龄劳动力人口比率出现了6个百分点的下降。高龄劳动力人口占总人口的比重，四省市2010年的比率与2000年相比都明显提高了。上海从23.58%提高到28.78%。通常，人口年龄结构的转变引起劳动力供给总量的变化，老龄化的态势带来的是按年龄别劳动年龄人口比重的结构变化，劳动力供给也开始逐渐朝向日益老化的趋势。显然，中龄劳动年龄人口比重的降低会带来劳动参与率的相应减少。

---

① 来源于第五次全国人口普查数据、第六次全国人口普查相关数据。

2.2.3 我国的劳动参与率

在统计口径上，世界银行关于劳动参与率的衡量标准是15岁以上人口参与社会劳动的程度，各国存在法定劳动年龄统计口径上的差异。在我国，经济活动人口是指年龄在16周岁以上能够为社会提供劳动力服务的人口。劳动参与率相比其他国家，虽然绝对劳动人口数量下降不大，劳动参与率位于高位水平，相比美国、日本、法国、巴西、印度等国，我国的劳动参与率最高，这表明就业机会的大量增加增强了我国劳动者参与市场经济运行的积极性。2013年国际劳工组织相关数据显示，中国劳动参与率为71.3%，印度仅54.2%，但是印度65岁以上人口的劳动参与率在这几个国家中最高，为25.9%，中国为21.6%；55～64岁年龄段，日本的最高，为69.7%，其次为美国64.4%[①]。纵向比较方面，我国的劳动参与率由1990年的79%，到2010年的70.96%，再到2012年的69.8%[②]，但在2012—2018年间我国劳动参与率呈现上升趋势，到2018年，我国劳动参与率达到76%，位居世界第一。

总体来说，人口老龄化体现在老年人口比重与老年人口抚养比上升带来社会赡养负担的加重，医疗服务和养老保障等公共支出的增加使得社会养老保障的压力加大；劳动力资源不再像以前近乎可达到无限供给那样充分，特别是中龄劳动力供给的减少，劳动参与率的下降，会导致储蓄率下降和居民消费需求减少。对于微观层面的家庭来说，当家庭居民退休离开劳动力市场后，居民退休后的收入以及家庭的消费、养老等问题都需要人们在现实经济生活中亟待面对并加以解决。

---

① 周祝平,刘海斌.人口老龄化对劳动参与率的影响[J].人口研究,2016(3):58-70.

② 马艳林.中国劳动参与率变动与"后弯的"劳动供给曲线[J].首都经济贸易大学学报,2015(3):64-72.

2.3 我国职工退休现状

2.3.1 退休年龄的制度规定

退休是劳动者由于年老、疾病等因素退出工作岗位。退休行为是按照国家相关法律法规规定而执行。由原先充分体现人力资本价值到成为社会休闲、亚群体中的一员，个人在此过程中经历着社会角色的变换与转折。退休预示着人一生老年阶段的来临。在现实生活中，人们往往以一个人是否办理了退休手续，经历退休事件作为步入老年阶段的分界线。

虽然退休年龄制度设定因各国或地区经济发展水平、人口总量与结构、劳动力供需、社会保障制度等不同而有国别和性别差异，但多数国家基本都设定在60—65岁。即便如此，在同一个国家，也会因不同历史时期而发生退休年龄政策层面上的调整，并不会一成不变。比如美国在1983年通过了相关法案，对1953年原有设立的65岁退休调整为通过渐进式逐步提高到67岁。德国、法国、英国、瑞典、新加坡等国家分别制定了延长退休年龄的方案，基本都将退休年龄设定在65岁以上[1]。各国在普遍对本国退休年龄延迟的基础上，也同时引入了弹性退休的设立机制[2]。但不论制度具体如何，人总归是有一天要离开工作岗位办理退休相关手续的，一国退休人数的增加也就意味着该国老年人口在总人口中的比例增加。

退休制度在我国由来已久，我国的退休保障制度整体框架的构建始于1951年出台的《中华人民共和国劳动保险条例》，而后经过几个阶段的变化发展形成现有的退休制度，退休制度是对人们退休行为和养老保障的基本规定，设定了劳动者领取养老保险金的条件，以退休年龄、工龄、身体状况等为主要参照指标。现有法定退休年龄的规定所依据的文件有1951年《中华人民共和国劳动保险条例》、1955年《国家机关工作人员退休处理暂

---

① 金易.老龄化背景下现行退休制度问题探讨[J].学习与探索,2014(4):36-40.

② 翁仁木.国外弹性退休制度研究[J].经济研究参考,2015(16):103-111.

行办法》，1958年《国务院关于工人、职员退休处理的暂行规定》，1978年5月《国务院关于安置老弱病残干部的暂行办法》和《国务院关于工人退休、退职的暂行办法》，1999年《国务院办公厅关于进一步做好国有企业下岗职工基本生活保障和企业离退休人员养老金发放工作有关问题的通知》，同年3月劳动和社会保障部发布《关于制止和纠正违反国家规定办理企业职工提前退休有关问题的通知》，等等。

2.3.2 我国职工的退休方式

退休可划分为提前退休、到年龄正常退休、自己决定退休三种。我国相关法律规定正常退休年龄为男年满60周岁，女年满50周岁，女干部比如副处级及以上年满55周岁，其中女性职工比男性职工要早退休5—10年。特殊工种退休时间提前五年。法定退休年龄也因此成为划分工作人员与退休人员的分水岭。提前退休则包括内退、病退、特岗提前退休和破产企业提前退休等。其中具有中国特色、较为典型的是内退和病退，它是我国经济体制改革的产物，是当时为了减员增效、大力发展生产的需要。由于内退期间企业要付给员工内退费并办理社会保险的缴纳，因此这种情况较多的存在为减少体制内员工的国有企业中。病退是根据劳动者的病情鉴定后，达到完全丧失劳动能力的标准或达到三个大部分丧失劳动能力的情况（视为完全丧失劳动能力）方可申请提前退休；特殊工种提前退休男性需满55周岁，女性满45周岁；破产企业提前退休是国有破产企业截止法院裁定破产之日，距职工法定退休年龄五年之内的。提前退休的这部分职工可以在法定退休年龄前领取养老金，享受基本社会保障待遇。事实上由于受教育程度、劳动者个人身体因素、退休前已有的财富收入、工作岗位、家庭其他成员的生活及工作情况等不同，不同个体有着不同的退休年龄偏好。我国现有退休制度层面的规定限制了那些有劳动能力并且有劳动意愿的一部分群体，对他们来说，退休年龄制度层面的硬性规定无疑是人生的一大冲击性事件。"提前退休"等带来退休的低龄化现状会导致社会人力资本的极大浪费，这也是我国现有劳动参与率被低估的原因之一。

提前退休早于法定的退休年龄退出劳动生产领域，对国家社会保险制度运行、社会就业以及社会关系的和谐稳定等都有一定的影响。法定退休年龄对养老保险制度覆盖的人员构成影响，并与养老金水平一同直接影响老年人的劳动力供给，诚然，劳动力的供给受约于收入、闲暇的成本。我国劳动者退休本质上受法定退休年龄约束，强制性原则较强，兼顾个体生理、心理等差异，灵活性有待进一步提高。为适应就业形势和社会经济发展的需要，以及人口发展模式的变化、劳动工作条件等改善，法定退休年龄政策的调整、养老保险收支等社保制度的变革势在必行。

2.3.3 我国职工退休概况

为进行社会主义建设和社会主义改造，我国自20世纪50年代开始建立退休制度，也正是从那时开始全国上下集中力量优先发展重工业，通过提高生力和变革生产关系为社会主义工业化奠定初步基础。钢铁行业等国家重点发展的产业部门需要一大批工人参与其中，还有相当一部分工作人员进入国家机关工作，这类群体在90年代后陆续到了离退休年龄，使得我国在20世纪90年代首次出现退休潮。此外，我国20世纪50年代"婴儿潮"出生的人口在2010年前后进入退休年龄，这种退休潮带动了老年人口数量的进一步增加，形成老年人口增长的高峰。

2012年，我国劳动年龄人口总数首次出现同比下降，当年60岁及以上的人数同比增加了10.59%。劳动人口的减少从另一方面体现为退休人数的增加，两者之间的关系可用离退休人数与在职职工的比值来衡量，1978年为1:30.3，1990年为1:6.1，2000年1:3.1，2003年为1:2.4，呈现逐年递减趋势，这意味着1978年到2003年这25年间，由30个在职职工供养1个离退休人员变为由2.4个职工来负担1个离退休人员，将会给劳动人口和社会养老带来了沉重的负担。

技术进步、劳动生产率的提高，社会经济发展不仅使得人口预期寿命延长，还让更多的劳动力可以从商品和劳务生产与服务中解放出来。由于步入一定年龄后，个体本身的智力、体力等机能衰退导致其劳动效率降低，劳动者在经过青壮年的职业生涯后，随着年龄的增长逐步从劳动中退出，促使包括退休年龄规定在内的社会养老制度形成。随着退休人员总量的绝对数以及在人口结构中这类群体在老年人口中比重的逐渐增加，居民退休后的收入、消费、社会保障、养老等经济、社会、心理问题受到越来越多人的关注。通过整理《中国劳动统计年鉴2018》的数据我们得知，1978年我国离退休人数为314万，到1990年就达到了965.3万人，1994年为2079.4万，1995年为2241.2万人，2000年达到3169.9万人，2004年持续快速上升达到4102.6万人，2008年进一步增加到5303.6万，2010年更是达到了6305万人，2014年为8593.4万人，相比1978年，2014年我国退休人口的平均增长率为9.63%。机关事业单位城镇职工离退休人数也从2000年的153.4万递增到2014年的579.8万，而企业及其他的退休人数则从3016.5万增加到8013.6万，十四年间增长了5000万。2017年，我国参保离退休人员达到11026万人。很显然，企业及其他的离退休人数是退休人员中的主力部分，全国机关、事业单位城镇职工离退休人数在2015—2017这三年增长态势较往年明显（见图2-1）。

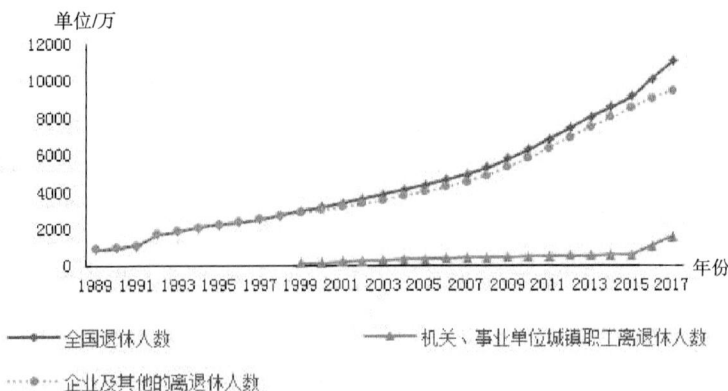

图2-1 全国机关、事业单位城镇职工、企业及其他单位离退休人数

1990年到2010年这二十年间，我国经济获得了持续快速的发展，人均国民收入在2010年达到4370美元，达到了中高等收入国家水平，但与此同时，60岁及以上老年人口数增加了近一倍，离退休人数增长了五倍之多，退休人口规模不断扩大，并且低龄老人增量大，在老年人口比重中退休者

所占的比重相对较低，有相当一部分甚至低于 60 岁。从另一方面来说，我国 60 岁及以上老年人口绝对数和比重的逐年提高也是每年离退休人数快速增加的结果。离退休人数的逐年增长带来了养老金支付的巨大压力，退休低龄化、不健全的社会保障与分配制度以及缺乏可持续性的经济增长方式将会造成退休冲击的波动、加剧。

2.4 退休事件与人口老龄化之间的关系分析

2.4.1 退休事件对人口老龄化的影响

与退休事件相关的是退休制度、退休年龄与退休人口。居民退休后随着年龄的增长，不仅会增加老年人口的数量，而且还会影响老年抚养比，并会影响少儿抚养比。因此，退休事件对人口老龄化的影响无非是通过法定退休年龄的决定因素来推动退休行为的发生，进而通过人口老龄化衡量的具体指标来起到中介传导作用。面对老龄化的压力，目前学术界更多建议是从延长法定退休年龄的角度来降低养老保险基金账户的压力，尽可能多收少支，平衡代际之间的利益，切实提高人力资本投资的效率，从而有效解决老龄化给劳动力供给、养老保险制度等方面带来的负面影响。

退休对老龄化的影响可用退休人口赡养率这个指标来体现。我们根据《中国人口和就业统计年鉴》提供的每一年龄的人口数来测算我国城镇人口的退休人口赡养率，将其分成为 60/55/50、60/55、60/60、65/60、65/65 五条退休人口赡养率线。2006 年这五项赡养率数据分别为 0.27、0.23、0.18、0.15、0.12。同时，研究发现，这五项指标都将随着人口老龄化进程的加深而不断提高，按目前的法定退休年龄计算，2025 年退休人口赡养率将达到 0.72，2035 年将会增加到 1.10[1]，退休人口赡养率的快速增长体现了我国退休养老负担问题的日益严峻。

---

① 樊明.退休行为与退休政策[M].北京:社会科学文献出版社,2008:219-224.

2.4.2 人口老龄化对退休的影响

人口老龄化与生育率、人口平均寿命延长有着直接的因果关系，现实层面可通过制定与实施老龄社会发展战略来尽可能降低老龄化的负面影响，于是，西方发达国家通过延迟退休年龄等政策的制定与调整来应对人口老龄化。我国由于国情不同，人口基数大，每年新增劳动力的就业压力大，加上市场经济发展过程中要求产业结构调整和产业转型等因素，带来劳动力供给需求的矛盾，往往是供大于求。从某种程度上说，相比其他国家，我国退休年龄的低龄化是在享受人口红利的成果，是现实经济发展过程中的派生现象。但近些年来，由于人口老龄化现象日益严重，市场经济中产品供需经常出现不匹配，消费在推动经济发展中的作用不是很突出，低龄退休造成劳动力资源浪费和人力资本损失，加重了养老保险基金的压力，同时也会增加劳动力就业压力，特定的社会客观环境又呼唤对现行退休政策进行再调整。

日本、亚洲四小龙的经济起飞、高速增长与本国拥有的黄金人口年龄结构是分不开的。一国如果抚养系数较低，充足的劳动力供给会成为其经济加速增长的推动力，同时，年轻劳动力易于进行相互转移和地区间的流动，有利于保证产业结构调整中劳动力的供给，因为年轻，人力资本增值速度快，有利于劳动效率的提高。此外，较低的家庭抚养负担使得家庭在这段时期更倾向于多储蓄，对于经济发展初始阶段开始急需的资本形成和投资力度的增加是有益的。人口抚养系数较高的人口老龄化带来的结果往往背道而驰，它不仅会对人们的经济生活、社会发展、福利制度、社会资源的分配和供给产生深刻的影响，甚至会由于年龄分层动态变化引起社会文化、社会秩序和代际关系的重塑，引发人们对老年群体特别是老年贫困弱势群体的关注。人口老龄化的负面影响使得人们不得不将更多的注意力关注到退休事件中来，因为它直接关系到劳动力的供给与养老社会保障，关系到社会民生。

2.5 退休居民的消费现状、收入来源及特征

2.5.1 宏观层面我国居民消费现状

改革开放四十多年，我国的经济总量、财政收入等位居世界前列。2010年我国GDP超越日本，成为世界第二大经济体。居民收入水平虽稳步提升，但是人均GDP水平与美日两国相比仍较低。《中国统计年鉴》数据显示，2017年我国GDP已达81.20万亿元人民币，同比增速为6.9%，创出1990年以来的新低增速，当年人均GDP为59660元；2019年国内生产总值已达99亿元，比上年增长6.1%，符合6%—6.5%的预期目标。居民收入增速、贫富差距、经济发展平衡性、结构性问题亟待解决，资本市场等诸多市场发育不足，体制机制不够健全。此外，还存在三驾马车失衡的状态。

消费需求作为最为基本、最不可替代的需求，与投资需求、出口需求一起构成拉动经济增长的三驾马车，三大需求发展并不平衡。我国的经济增长过程曾有着投资率较高、出口外贸依存度较大和消费率偏低的现象[①]，即通过增加固定资产投资和加大贸易出口，扩大外需来推动经济增长。学术界对最终消费支出和最终消费率的解释更多是从居民消费支出和居民消费率的角度着手。所谓居民消费支出是指住户在一定时期内对于货物和服务的全部最终消费支出，而居民消费率则是指居民消费占国内生产总值的比重。

近些年来虽然我国取得了较高的经济增长率，但消费贡献率却较低，特别是最终消费率在2000—2015年呈现快速下滑趋势，从1978年的62.1%下降到2017年的53.6%，最终消费率在这期间虽有调整，但并没有改变消费率下降的趋势。通常政府最终消费支出占GDP的比例即政府消费率在13%~14%，该比例不大且较为固定，最终消费率的下降主要是由居民消费率引致。《中国统计年鉴2018》数据显示：2017年我国最终消费支出对

---

① 洪银兴.消费需求、消费力、消费经济和经济增长[J].中国经济问题,2013(1):3-8.

GDP 的贡献率为 58.8%，拉动为 4.1%，而三大需求中资本形成总额的贡献率和拉动分别为 32.1% 和 2.2%，货物和服务净出口贡献率和拉动分别为 9.1% 和 0.6%。总的来说，我国的居民最终消费率相对发达国家显得较低，居民消费增长缓慢。但近几年来，受国内外市场环境影响，发挥 14 亿人组成的超大规模市场的潜力越来越需要释放，我国经济也因此需要足够的内需支撑。

2.5.2 退休居民的主要收入来源

我国是从 1994 年开始关注老年个体主要收入来源的构成情况的。通过 1994 年、2000 年、2010 年的全国调查数据分析（见表 2-2），老年群体的收入来源主要为家庭其他成员供养、个人劳动收入、离退休金养老金三大方面，其中家庭其他成员供养比例在三大支柱中最大，这也符合我国早在远古时代就弘扬的赡养父母以及孝道的文化传统，家庭在抚养与照顾老人方面扮演着较为重要的角色。以家庭成员的供养为主要生活来源的老年人占比，1994 年、2000 年、2010 年分别为 57.1%、43.83%、40.72%，可见老年人对子女供养的依赖性正逐渐减弱，变得越来越独立自主。但由于我国独特的文化历史背景，纵使家庭结构与模式、亲属关系的变化，现代性、思想与文化的变迁等对传统家庭养老、赡养模式与方法的改变，但家庭在对老年人物质与精神层面的支持过程中仍显得非常必要。此外，我们还发现，主要依靠离退休金、养老金生活的老年人比例在增加，由 2000 年的 19.61% 增加到 2010 年的 24.12%，最低生活保障金、财政性收入等则较少，依靠以往的储蓄则更少，因此尚未具体列举出。我国 60 岁及以上的老年人主要生活来源还存在着较为明显的性别差异，大多数女性则更多地依靠家庭其他成员的供养，男性老年人在经济供养能力方面较强，更多依靠自身的劳动收入。与此同时，女性在以退休金为主要生活来源的比例比男性低。究其原因有重男轻女引起的受教育程度差异、身体条件差异、家庭中家务活的需要等。虽然我国男女老年人主要收入来源存在性别差异，但这种差异在逐步缩小。

表2-2　中国60岁及以上的老年人主要收入来源（2010年/2000年/1994年）①

主要收入来源	2010年			2000年			1994年		
	合计	男性	女性	合计	男性	女性	合计	男性	女性
个人劳动收入	29.07%	36.59%	21.92%	32.99%	42.74%	23.72%	25%	37.5%	13.6%
离退休金、养老金	24.12%	28.89%	19.58%	19.61%	26.66%	12.92%	15.6%	22.5%	9.4%
最低生活保障金	3.89%	4.11%	3.69%	1.59%	1.54%	1.64%	—	—	—
财产性收入	0.37%	0.41%	0.33%	0.21%	0.23%	0.21%	1.2%	1.4%	1.1%
家庭其他成员供养	40.72%	28.24%	52.59%	43.83%	27.02%	59.81%	57.1%	37.9%	74.7%
其他	1.83%	1.76%	1.90%	1.76%	1.82%	1.70%	1.0%	0.8%	1.3%

　　除了性别差异，老年人的主要生活来源还存在着显著的城乡差异。城镇老年人以养老金为主，而乡村老年人主要还是依靠其劳动收入。在城市，有超过一半的老年妇女可通过离退休金养老金来维持生活，而在农村，家庭其他成员供养仍是最主要的生活来源。这反映出城市与乡村在社会保障制度建设方面的差异。城市地区老年妇女的主要生活来源相对较为稳定、独立，农村老年妇女若不继续参与农村生产活动以增加自己的收入，那么其经济状况就会较差，特别是农村里的丧偶老年妇女、高龄老年妇女以及失能老年妇女②，他们是特别弱势亟须关注的群体，其社会经济水平和生存发展状况偏低，很容易陷入贫困不利的境地，因此对于这些被赡养人口，需要在社会保障制度层面、老年妇女社会福利和社会参与等方面给予更多的帮助和经济支持。

　　我国的社会保障养老制度对被赡养人口提供了良好的帮助与经济支持。为提高居民养老保障水平，我国人力资源和社会保障部经过了一系列制度层面的改革，比如将新农保与城镇居民的养老保险合并，在全国范围内构建城乡统一的居民养老保险制度。我国城乡居民的养老金由基础养老金和个人账户养老金两部分组成。为保障居民的老年生活，人社部、财政部还

---

　　① 1994年数据来自杜鹏、武超,1994—2004年中国老年人主要生活来源的变化[J].人口研究,2006(2):20-24;2000和2010年数据分别来源于第五次、第六次全国人口普查数据。

　　② 杜鹏.回顾与展望:中国老人养老方式研究[M].北京:团结出版社,2015:191-192.

提高了全国城乡居民的基础养老保险基础养老金的最低标准，2015年由每人每月55元提高到每人每月70元，发放人数达到1.466亿。《关于2018年提高全国城乡居民基本养老保险基础养老金最低标准的通知》（人社部规〔2018〕3号）：决定自2018年1月1日起，全国城乡居民基本养老保险基础养老金最低标准提高至每人每月88元，即在原每人每月70元的基础上增加18元。城乡居民的基础养老保险部分不同省份的政策也不同，如广东省早已实施每人每年110元的基础养老金。山东省决定从2016年7月1日起，将全省城乡居民养老保险基础养老金最低标准从每人每月85元提高至100元。在全国标准之上结合本地实际进一步增加了基础养老金。全国平均水平超过100元。城市与乡村居民的养老保险制度在经办服务、缴费和待遇、信息化服务等方面已逐步实现一致。

2.5.3 退休居民的消费特征

退休是必经之路，是一种向下的社会流动，人们通常会在退休前就早做打算，往往不是在退休后才会考虑自己的消费、养老等问题，而是在退休前几年就开始对退休后的生活等有过思考。同时，他们身边的家人、子女、亲戚朋友等也参与到诸如家务时间分配、家庭收入支出、退休后的生活安排等未来家庭计划的制定过程。

退休后的人们由于与原先的工作环境、生活方式分开，将拥有更多的自由时间，其身心会产生变化，身体机能和心理、外在环境的变化，原有的身份地位、工资收入、职位等都将发生变化，退休后居民的社会适应能力有着不同程度的下降，这就要求退休居民要不断学会自我调节，形成良好的社会适应能力，如不能尽快适应，将自己与外界隔离开来，过于闭塞、忧郁、悲观，将会陷入较为危险的境地。在这个过程中，家庭所扮演的角色尤为重要，要为退休家庭成员适应新的环境、创造良好的生活条件给予帮助与关心，家庭中的其他成员要与退休人员进行更多情感与思想的交流，给予温暖；退休后的人们可通过参与社会工作，社交活动以及走访亲友等融入社会与集体的大家庭，获得心灵的宽慰与补偿。因此，准备阶段到经历退休，再到退休后的生活方式和社会角色的适应，无论是在生活、工作还是在处理家庭与人际关系中，都需尽可能地持有乐观积极健康的心态，成为老有所为、老有所乐、老有所学、老有所用的人。

众所周知，按照个人生命周期和国际上通用的一国或地区的人口年龄结构类型划分，人的一生大致分为少儿、成年、年老三大阶段。人在成年期是生产者，少儿和老年人口作为被扶养人口，在生活中更多扮演消费者的角色，人们在人生的每个阶段由于年龄差异明显，对经济和社会发展作用不同。众所周知，年龄因素是考察消费情况的一个重要指标，不同年龄阶段其消费特征、消费模式也不尽相同。首先，退休后的居民其年龄基本上接近于或已达到老年年龄阶段，其消费行为为老年人的消费行为，他们基本上为纯消费者，根据家庭赡养老人、养老护老这种代际之间的义务承担相互帮助的传统，老年人日常所需一部分由自己花钱购买，另一部分则由其子女、亲属购买，他们承担着对长者的照料和生活的照顾与支持。除此之外，政府通过社会保障、健康医疗等社会福利制度为老年人提供相关服务。但随着社会变迁，老年人的收入支持也存在一定的问题，比如传统赡养结构的转变，养老观念与行为的变迁，为老年人提供的服务需求在资源分配方面有限，空巢家庭、留守老人增多等。尽管如此，这并不能改变家庭成员间的互帮互助等优良传统文化的推崇。有很多可以替代的资源来减轻这些现实中的养老困难。

在消费方面通常也是这样，他们中的一部分群体甚至会面临退休后生活的窘境，但是绝大多数人的生活状况与退休前相比也不会太糟糕。概括来说，退休人员的消费呈现出以下特点：（1）消费动机较为理性，消费习惯固化，即消费具有习惯性特点，选择的商品品牌大多为经常性购买，忠诚度较高，不大喜欢追求标新立异，追求利他性消费；（2）对商品或商家提高的服务价格敏感度较高，尤其是退休后，偏好物美价廉的产品或服务；（3）他们更加追求实际，特别看重产品的实用功能。当然，有经济条件的人通常也会在退休后追求补偿性消费，在退休前特别是年轻时奋斗无暇追求的时尚、旅游、营养保健等也会开始关注起来，这些兴趣爱好抑或是对身体的调养品对他们来说在退休后拥有了较大的兴趣投入；（4）居民退休后消费行为由于受预期的影响，因未来生活与健康状况的不确定性，与当下年轻人相比表现得较为节俭，他们边际消费倾向较低，预防性储蓄较高。

与国外相比，我国退休居民的消费情况具有一定的特殊性与差异性，具体表现在：首先，我国居民退休后往往会与子女居住在一起，通常是家庭消费，而国外居民退休后往往独居其消费的情况便于统计与测算；我国的家庭消费中很大一部分是子女抚养与赡养老人，并且有着自己独特的子女抚养和赡养老人方式。在子女教育方面，虽然政府在基础教育方面不断加大投入力度，但是公共教育的投入仍需要家庭承担；在老人赡养方面，我国的传统美德要求除了社会承担一部分以外，剩余的还是由家庭来支持，在农村地区表现得更为典型，通常是获得继承地位的儿子来承担。其次，老龄化进程的加快，经济新常态背景下退休人员的增加会影响到整个社会的消费水平、消费结构和居民消费率，影响经济的可持续发展，对目前尚不够完善的养老和社会保障体制来说也是一个重大挑战，会直接影响到老年居民的社会福利情况；最后，我国退休居民的消费观念与国外居民有一些不同，消费在某种程度上具有很强的棘轮效应和示范效应，并且消费惯性显著。

2.6 影响退休居民家庭消费水平的内在机理

2.6.1 居民家庭消费的内容与特征

家庭消费作为家庭的基本功能之一，是个人或家庭为实现基本生活、子女教育、家庭地位等目标而购买的日常消费品、生活必需品、精神文化产品等。通常，家庭消费的主要内容除了有吃、穿、住、用、行等各种物质资料需要以外，家庭成员还会有文化教育和精神生活方面的需要，而这些属于发展和享受型需要，应通过社会公共消费和家庭消费形式来满足。

家庭消费与个人消费的关系在于：个人消费基本都在家庭范围内进行，家庭是个人消费观念、消费准则形成的第一参考群体。家庭消费的内容和方式、频率制约着家庭成员个人消费的内容、方式及频率；由于涉及家庭的类型、家庭结构的变化，家庭消费比个人消费复杂，当然，家庭如个人有生命周期一样，家庭也有"家庭生命周期"，在不同阶段，家庭成员的消费心理与行为都有明显的差异，并随着时间的推移进行着有规律的变化[①]。作为退休者个体来说，退休后其消费受到退休前老年人的工作职务、教育文化程度、对社会的贡献等因素的影响，退休后所在家庭的消费则还要与个人与家庭的经济实力、消费习惯与模式、家庭子女经济情况等有关。

2.6.2 影响退休居民家庭消费的因素分析

家庭消费结构是一种微观消费结构，本书立足居民退休后所在的家庭通过对消费方式、消费水平、消费结构的研究，试图把握老年家庭消费的特点及趋势。从微观角度看，退休居民家庭消费的特点及趋势也从一个侧面反映了老年群体的消费趋势和社会经济发展趋势，但是又不完全等同。那么，是什么因素影响退休后居民的家庭消费呢？

第一，影响消费水平与消费结构的直接因素是居民家庭的消费习惯和消费实力。决定退休家庭消费习惯的因素大致为家庭中户主退休前的职业、消费观念、家庭成员包括子女的消费意愿和居民地周边的人文环境；而退休后老年人在家庭中的地位，退休后的收入和家庭财富状况，社会保障，退休居民家庭子女的数量，子女的就业、婚姻、经济状态等成为影响家庭消费实力的重要组成部分。诚然，居民的身体素质及人文素养是影响家庭消费的最终决定因素[②]。

第二，除了这些微观影响因素以外，政府相关消费和税收政策、居民享有的社会保障水平、消费者权益能否得到维护、经济发展的程度等宏观

---

① 田晖.消费经济学[M].上海:同济大学出版社,2013:117-134.

② 黄润龙.人口老龄化对我国经济发展的影响探索[M].北京:科学出版社,2015:115-126.

因素，同样会影响到居民家庭的消费。因此，政府应在相关消费和税收政策的适当调整、消费者权益的有效保护、社会养老保险制度的完善等方面做好"服务"的功能。

第三，老年消费的供给对老年消费的影响。由于经济发展仍然是拉动消费增长的主要原因，随着我国居民养老保障制度的不断完善和水平的不断提高，市场和养老产业如能在调研先行的基础上，开发出有针对性的产品和服务，从供给侧层面挖掘适合退休后居民购买力水平的消费潜力，特别要抓住退休居民的补偿性消费以及医疗保健消费支出的部分，看到退休居民消费的正向作用与意义。

2.6.3 退休事件对居民所在家庭消费的直接影响

（1）退休事件对居民所在家庭消费水平的直接影响

退休对消费的直接影响体现在退休后人们的消费心理、消费水平、消费结构与退休前会有所不同。退休之后或60岁以上其消费通常被界定为老年消费，这个年龄段内的群体，养老金即退休金成为其收入的主要来源。相对退休前，退休后的他们没有了工资性收入，经济上的变化对居民消费心理与行为产生一定的影响。由于收入锐减，购买力下降，消费层次和消费水平很难提升，消费性支出会随之降低，但是退休后的居民开始逐渐进入老年阶段，多年形成的消费习惯较为稳定，其消费动机较为理性。显然，较低的购买能力、消费惯性、选择商品与服务过于看重实用性并不利于退休后居民消费层次的提升，也不利于商品的更新换代，某种程度上甚至阻碍了居民自身消费水平的提高与消费结构的改善。

由于我国居民的家庭观念较重，退休后老年人的消费意愿很大程度上取决于家庭的消费意愿。这时的家庭消费，不仅仅是老年人自身的消费，还要顾及子女的消费情况。不论子女是否已婚，是否与父母住在一起，老人的相当一部分财产是要考虑今后给子女的，除非家庭经济极为困难的老人。他们这么做的目的在于减轻子女负担，为子女操办人生大事、买房、抚育孙辈等，正所谓"子女好，其他一切都好"，这是传统观念与中国现实的特色文化使然。因此，利他性消费会日益明显，家庭内部资金的代际之间转移使得"啃老"现象时有发生，虽然城乡家庭差异明显。城市表现的更多是退休居民对子女的经济支持，而在农村往往是子女对老人提供经济支持，老人通常需要照看孙子或孙女，对老人在劳务上的需求较大，这也为子女省去了另请专业人士来照顾的费用。

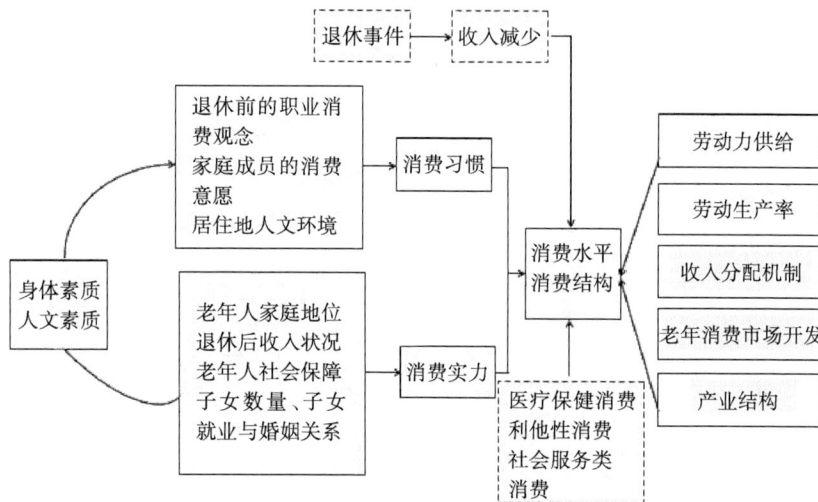

图2-2 退休后居民家庭消费的传导机制构架

（2）退休事件对居民所在家庭消费结构的直接影响

在退休后的居民家中，一般步入老年阶段的家中会有夫妻两位，如果他们的子女成家立业并脱离原生家庭，那么在原有的家庭中，消费基本上是两位老人。消费结构在居民退休后也会发生改变，主要体现在随着年龄的增长，退休后与之前工作有关的服装、外出就餐、交通通信等支出会下降，但日常生活需要的消费、医疗保健、休闲娱乐等消费在总消费支出中的比例会上升。

居民退休后随着年龄的增长，生理机能衰退，身体抵抗力和免疫力下降，患病的概率会变大，这时对医疗保健护理等需求增加，并且年龄越大，对医疗、养老服务的需求越大，医疗方面的支出需要提到家庭的议程上来，家庭要为看病所需要的支出留出一定的空间，这样各类消费之间就会有替代，也会相应减少退休居民家庭其他类别的消费。与此同时，随着生理机能的衰退，健康也是更多家庭所关注的问题，退休居民家庭消费者对保健食品和用品的需求量大大增加，只要某种食品或保健品对健康有益，价格通常不会成为退休居民家庭消费者的购买障碍。这种消费的变化对社会整体的消费水平状况以及社会消费结构的变化趋势都会带来一定影响。

2.6.4 退休对居民所在家庭消费的间接影响

退休对居民消费的间接影响在于通过劳动力供给、劳动生产率、收入分配机制、老年消费市场开发、产业结构等间接传导机制形成。其影响路径主要体现在以下几方面：

首先，社会上退休人员数量的增多相对减少了劳动力数量，退休人员在各自工作岗位上往往是精兵强将，经验丰富，若能延迟退休，那么在增加未来劳动力供给的同时，不仅能延长既有人力资本的回收期，而且能促进养老保险基金的收支平衡。我国的法定退休年龄与其他国家相比较早，那些经验丰富、技能水平较高的老年人即便有意愿在原有岗位上继续发光发热，也得把机会让给其他人，从而导致社会整体劳动力供给相对减少，到法定退休年龄的这部分群体他们退休后的收入水平降低，进而影响其消费水平。

其次，退休人员的增加从某种程度上也说明社会劳动人口年龄结构的老化，这会影响到社会整体的劳动生产率，劳动生产率通过对经济增长产生作用来影响居民消费。另外，退休后的居民退出生产领域，消费性支出尽管面临着刚性约束，但还是要考虑今后年老的医疗养老等压力，医疗不确定性促进居民的预防性储蓄增加，同时，"被储蓄"现象的存在也会影响到生产资本的集约程度，资本集约程度与劳动收入份额成反向变动关系，借助收入分配机制作用来影响居民消费，收入分配机制与居民消费成正向变动关系[①]。

最后，退休人员增加引发劳动者整体数量与质量的变化，不利于产业

① 何冬梅.退休冲击对中国城镇居民消费的影响研究[D].南京:南京财金大学,2014.

结构的升级，但是能促进老年市场需求的增长，带动老年产业的发展，会推动产业结构的优化调整与升级。产业结构调整，供给侧层面的改革对老年群体来说是件好事，因为市场可以提供深受老年群体喜欢的产品和服务，满足他们特殊的需求。

第三章 退休居民消费情况的
统计描述与实证研究

在上一章中，我们认识了人口老龄化背景下退休事件对消费影响的重要性，以及影响居民退休后其所在家庭消费的因素与路径机制。面对快速变化的老龄化群体，特别是大量退休人员，强制退休制度如何影响居民及其所在家庭的消费行为，并与国家的产业结构调整相结合，这是一个值得关注的问题，有必要进行相应的研究和探索，以筹建更加合理的消费模式。想要重新认识退休行为对消费的影响，需要利用科学有效的调查数据进行准确的评估与预测。在我国，进入退休阶段的人群不断增加，相关的退休制度和养老保险体系还有待进一步完善。当家庭中的户主退休时，这一退休效应会对退休者本人及其所在的家庭产生生理、心理以及经济行为等方面的微观影响，进而从整个社会经济发展运行的角度来说，退休冲击会对产业结构、消费水平及消费结构等产生影响，特别是在当前人口老龄化日益加重、加快推进供给侧改革的经济新常态时期更是如此。

体现居民家庭的消费情况通常是消费水平、消费结构两大指标。我国居民家庭收入水平与金融资产的增加、消费观念的改变、移动端媒介等消费渠道的便捷化、国家供给层面的新供给与有效供给等都会推动居民消费水平与消费能力的逐步提高并刺激新的消费需求，同时不断改善居民家庭的消费结构，充分挖掘居民家庭消费增长的潜力，推动消费的升级有利于促进经济增长。本章主要介绍退休居民所在家庭的有关消费水平，涉及消费结构的有关数据的分布情况，为实证研究提供研究基础与相关佐证。实证研究的数据以中国家庭动态跟踪数据库为基础，重点关注户主退休后对家庭的消费行为、消费水平与消费结构层面的变化。

3.1 变量选定

我们主要考察退休对家庭消费水平和各项消费性支出的影响。一般而言，个人是否退休与家庭消费水平之间相对外生，为了尽可能降低经济学中内生性的影响程度，我们在选择退休这个二元虚拟变量时，除了选择收入为解释变量以外，还尽可能地将影响居民退休后家庭消费水平的主要因素考虑在内，因此设置了控制变量，这主要用来表示家户的个体特征，如户主是否有领取养老保险、医疗保险，是否有慢性疾病，身体健康状况、婚姻状况、家庭中子女的数量等。而被解释变量则主要指户主家庭在过去一年中全部消费的总支出或各项明细类支出，相应的指标有家庭消费性支出、衣着类、邮政交通通讯类、家庭设备用品及服务、教育文娱和医疗保健等各类支出。

3.1.1 解释变量的选定

解释变量中"退休"这个变量是用于表示家庭中户主是否办理了退休相关手续，具体包括提前退休与内退，主要有办理从机关、企事业单位人员退休、退职手续，或达到法定领取养老金的年龄并办理相关手续。用户主的退休状态来表示一个家庭是否退休，该值为1意味着家庭已退休，该值为0表示家庭未退休。一般情况下，政府机关、企事业单位工作人员会有正式的退休或退职手续，但是对于广大农村地区的农民、家务劳动者，或者城乡个体户、社会无业人员等，他们通常没有正式的退休退职手续，而是到了法定领取养老金年龄后，办理相关手续就可领取养老金。为了提升研究的覆盖面，我们不仅考虑到在正规部门工作过的退休人员，也考虑到在非正规部门工作过的退休人员。

收入作为解释变量无疑是影响居民消费的重要因素，这里的收入具体是指户主的个人总收入，包括户主的工资性收入、从各种渠道获得的各类补贴、津贴、酬金，以及通过个人名义获得的租金、补偿金、存款利息、股票基金债券等分红和接受的各种折合人民币、借贷性收入等。控制变量中户主是否有领取的养老保险是指户主是否享有从原所在机关或事业单位领取离退休金、基本养老保险、企业补充养老保险、商业养老保险、农村养老保险（老农保）、新型农村社会养老保险、城镇居民养老保险、其他养老保险中的一种或几种；医疗保险则主要涵盖公费医疗、城镇职工医疗保险、城镇居民医疗保险、补充医疗保险、新型农村合作医疗，户主享有的医疗保险最终通过拥有的数量来体现。是否有慢性疾病是指在调研访谈的前半年中，户主是否有经医生确诊的慢性疾病，有慢性疾病则赋值为1，无慢性疾病则赋值为0。健康状况的回答可选答案细分为：非常健康、很健康、比较健康、一般和不健康。婚姻状态主要分为以下五种：未婚、在婚有配偶、同居、离婚、丧偶。家庭中子女的数量和已婚子女的数量则通过样本数据库中的孩子样本代码以及子女的婚姻状态推算得出。

3.1.2 被解释变量的选定

家庭生活消费是最基本、最主导的生活消费类型。中国家庭追踪调查（CFPS）统计的家庭支出为过去一周、过去一个月或过去12个月的消费性支出、转移性支出、福利性支出和建房或购房支出。据统计，消费性支出是家庭总支出中最为主要的部分，一般能占到85%。另外，家庭生活消费的个性化、差异性和多样性、动态性、层次性等特征也为我们重点关注居民家庭总消费性支出和消费结构层次赋予了重要意义。消费结构是居民用于满足家庭日常生活的各种消费资料的比例。在居民家庭的消费结构中，我们重点关注家庭日常衣食住行等需要生活花销的消费性支出情况，参照国家统计局对全国城乡居民生活消费支出项目的八大类指标分类，依次为食品烟酒、衣着、居住、生活用品及服务、交通通信、教育文化娱乐、医疗保健、其他用品及服务[①]。居民家庭的总消费性支出或各类消费支出指标与中国家庭追踪调查（CFPS）的居民家庭消费性支出统计口径基本一

---

① 参见国家统计局发布的主要统计指标解释。

致，CFPS中家庭消费性支出分为八大类，只是与国家统计局的分类划分在个别处有微调，比如除汽车之外的交通工具的维修费在CFPS中算入家庭设备用品及服务支出类，而国家统计局设定的用于交通和通讯工具及相关的各种服务费、维修费和车辆保险等都属于交通通讯支出。文章使用的是CFPS2010、CFPS2012、CFPS2014这三年的数据，尽管具体的支出模块设计有变化，但是这三年家庭消费支出调查的内容以及跨年度的消费总支出和各项消费性支出基本可视为可比的。

在CFPS中，食品类支出是指家庭购买的一切食品，既包括一般食物，也包括调味品、色素、油脂等；衣着支出是家庭用在衣着装饰上的支出；居住支出是与户主所在家庭生活用房有关的所有支出，包括房租、生活用水、用电、用于生活的燃料、物业管理、住房维修装修等方面的支出，也包括自有住房折算租金；家庭设备用品及服务支出则是指购买汽车、购买其他各种交通工具（不包括汽车）及配件的费用以及维修费，购置笔记本电脑、打印机等办公类电器，还包括购置电冰箱、洗衣机、电视、钢琴等高档乐器、家庭消耗品；医疗保健类支出是用于医疗和保健的药品、用品和服务的总费用，包括医疗器具及药品，以及医疗服务，比如户主所在家庭成员用于看病或住院支付的挂号费、手术费、床位费，或者为了保健需要购买相关医疗器械、按摩、学习气功、太极拳等学费；交通通讯支出如用于日常交通诸如养车、加油加电加气、公共交通的费用、用于电话、手机、上网、邮寄等通讯支出；教育及文娱支出比如买书买杂志、看电影看戏的开支以及旅游交通费、食宿费、景点门票等花销；其他类支出是指无法直接归入上述各类支出的其他生活消费用品与服务支出。

3.2 数据说明

目前，对我国居民特征、日常生活开展情况进行大规模调研的数据库主要有中国健康与养老追踪调查（China Health and Retirement Longitudinal Study，简称CHARLS）、中国家庭追踪调查（China Family Panel Studies，简称CFPS）、中国居民收入调查数据库（China Household Income Projects，简称CHIPS）等。本研究以CFPS数据库为例，开展退休居民的家庭消费情况的相关分析。CFPS收集个体、家户以及社区三个层次的数据，该项调查前期经费资助由国家985二期计划支持，由北京大学中国社会科学调查中心（ISSS）负责执行。

3.2.1 调查的目的与主旨

CFPS研究的主体侧重个人与家庭，反映包括我国社会经济活动、人口迁移、教育与健康等在内的诸多研究主题，是一项较为系统的全国性社会跟踪调查项目，它记录了中国社会的变迁，其样本质量和研究价值得到学术界的广泛认可。

3.2.2 数据的采集与调查年份

中国家庭追踪调查项目小组由我国学者谢宇筹建并担任主要负责人，于2005年筹备，一直到2007年开始进行前期的测试性调查等相关工作，然后在2008、2009年开展了初访与追访的预调查，为2010年的大范围基线调查奠定了良好的基础。

3.2.3 目标总体、抽样框、抽样设计

本书所使用的数据库CFPS，2010年时就覆盖了除香港、澳门、台湾、新疆、青海、内蒙古、宁夏和海南之外的全国25个省、市、自治区，这25个省、市、自治区的人口数约占中国总人口（不含香港、澳门和台湾）的95%，可以称之为全国代表性样本。从2010年开始正式实施了基线调查，基线样本是2010年的样本。CFPS共有6个子抽样框，分别是上海、辽宁、甘肃、河南、广东五个大省抽样框和其余20个省合并而成的一个小省抽样框，调查的对象主要为中国25个省、市、自治区的家庭户和家庭户中的个人，在抽中的家庭户中，所有经济上联系在一起的家庭成员在设计上都要成为被访问者。为保证样本的代表性，CFPS采用内隐分层、多阶段、多层

次的抽样，且这次抽样是通过抽取行政性区县、行政性村居委会以及抽取家庭户这三个阶段开展的城乡一体化的抽样。

3.2.4 样本追踪率

由于CFPS是一项长期跟踪的社会调查，需要对样本进行追踪访问，补充新的研究样本。2012、2014、2016年分别进行的是全国范围的追踪调查，2011、2013、2015年进行的是不同规模的样本维护。其中2012年完成了2010年85.1%的家庭的追访[①]。CFPS第三轮全国调查CFPS2014于2014年7月正式展开，当年11月访员完成了大规模的入户调查，4个月的时间基本结束了集中地区的面访，之后又展开了电话访问和异地家庭与个人的相关跟踪工作，直到2015年5月"CFPS2014"项目才结束，并于2016年6月1日首次发布相关数据。数据集主要有家庭关系数据库、社区问卷数据库、家庭问卷数据库、成人问卷数据库和少儿问卷数据库在内的五种问卷类型数据库。值得一提的是，统计数据显示，2014年家庭与个人层面的追踪率无论是以2012年调查为基数还是以2010年调查为基础，其追踪率基本都在80%以上。

3.2.5 调查执行过程、测量的特色

为保证数据尽可能地有效率和高质量，最大限度地提高样本的追踪率，CFPS采用了较为先进的计算机辅助调查技术，其中，面访为主，在后续全国性追踪调查中，同样实行以面访为主，结合电话访问的混合调查方式。

3.3 变量描述性统计

3.3.1 定义家庭中的户主

由于需要考察居民退休前后的家庭消费变动情况，调查中消费的相关

[①] 谢宇,胡婧炜,张春泥.中国家庭追踪调查:理论与实践[J].社会,2014(2):1-32.

信息是家庭层面的。一般情况下,最早退休年龄在45岁左右,而75岁以上的人不再具有劳动能力,因此,我们选择被访人年龄在45～75岁之间、曾有工作单位的所在家庭相关信息进行研究。考虑家庭中的退休状况有夫妻双方都已退休、夫妻中有一人已退休、夫妻双方尚未退休三种情况,也包括单身、离异等情况,在CFPS数据库中更为复杂。CFPS官方认为调查的每个样本家庭成员都是同等的,没有户主的概念,研究者可根据特定的研究需要进行相应的处理,由于该项调查问卷中尚未有明确询问被访人员家庭中的户主是谁的信息,并且家庭当中只要在一起居住的被访人的直系亲属,如其父母、兄弟姐妹、子女等相关信息都在数据库中,那么就会存在家庭中有2个或2个以上成员退休的情况,家户成员信息较多。考虑到男性的退休年龄基本都在60周岁,因此我们将CFPS中"成年人数据库"中受访人为男性的视为家户户主,并且为研究方便,家户中若存在2个或2个以上有工作单位的男性相关信息后,我们就将这部分数据剔除掉。

3.3.2 户主退休年龄分布

按此方法筛选出了CFPS2014数据库样本中家庭的男性户主,了解他们受访时的年龄以及是否退休,并进一步了解居民有关退休的年龄分布,排除样本中没有年龄信息或者没有明确回答是否办理退休相关手续的样本。调查结果显示:我国居民在达到法定退休年龄时,被访人在回答退休与否时答案并非就是已退休一种答案,还有相当一部分被访人的回答与实际情况有差异。出现此类情况,我们分析其原因是该问卷调查对象户口性质如是农村户口的,特别是在农村地区,大部分人都是农村户口,他们何时退休相对于城镇地区来说,并不存在强制退休政策。因此,在调研这部分群体时,即使他们的年龄达到了法定退休年龄,但是他们仍在继续劳动,也不会认为自己已经"退休"了。尽管如此,我们在绘出已筛选样本库中居民退休年龄分布图时,虽有偏差,但仍能反映出法定退休年龄在我国退休规定中所起的重要作用。

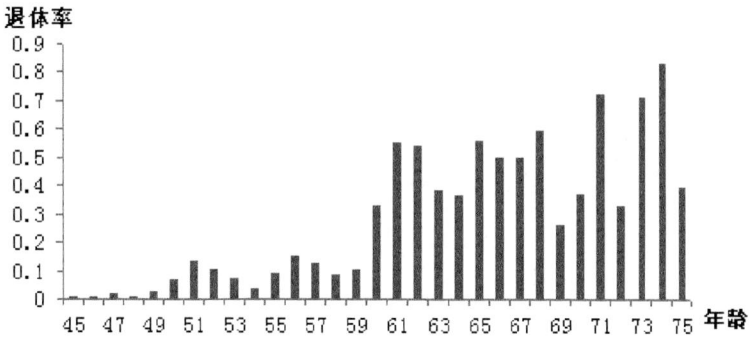

图 3-1　我国居民退休年龄分布（CFPS2014）

由图 3-1 可知，受访居民在达到 50 岁、55 岁，特别是达到 60 岁后，退休率明显上升，呈现出跳跃式的增长趋势。这在我国男性居民年龄分布图以及女性居民年龄分布图上也表现的较为明显。从男性居民退休年龄分布图中可看出，男性在 60 岁前已退休占所在年龄的受访人数比值虽然较低，但是也存在这一现象，这与女性在 50 岁以前退休的现象类似，说明无论是男性还是女性都有提前退休行为的出现。事实上，我国居民的实际平均退休年龄要低于法定退休年龄。

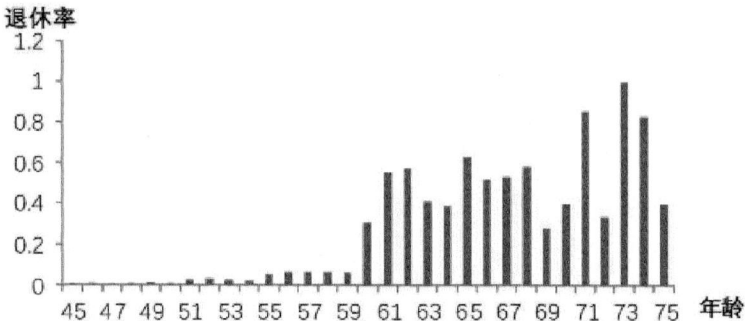

图 3-2　我国男性居民退休年龄分布（CFPS2014）

对样本中男户主的年龄与退休概率两者之间的关系进行绘图（见图 3-2），剔除户主年龄为 60 岁的样本，再一次验证了法定退休年龄 60 岁是个界断点，图中横轴表示户主的实际年龄与 60 岁之间的差距，分界断点左边是小于 60 岁，右边大于 60 岁，竖轴表示退休发生的概率，59 岁到 61 岁的退休发生的概率有着明显的跳跃，并且随着年龄的增长，退休率呈现出逐步上升的趋势。

样本库中的女性居民退休分布没有男性退休分布中的跳跃式明显，这与调查数据本身在调查过程中呈现出的结果与实际情况存在误差有关。比如，根据成年人问卷中对被访人所在工作单位或雇主性质的调查，已有选择项涉及政府部分/党政机关/人民团体、事业单位、国有企业、私营企业/个体工商户、外商/港澳台商企业、个人/家庭、民办非企业组织/协会/行会/基金会/村居委员会等，对居民年龄在60岁以上，"是否退休或退职类"选项选择"否"进行筛查，并进一步找出选择"否"选项的居民所在单位的雇主性质，得出2010问卷结果中居民所在公有性质、私有性质的单位数量分别为16、17，2012年为51、51，而2014年为24、91；对居民年龄在65岁以上进行筛查得出退休或退职类选择"否"的居民所在的公有单位、私有单位数量分别为：2010是4、5；2012年为18、20，2014年为8、39；同理，对居民年龄在70岁及以上的排查得出，2010年是1、1，2012年为5、5，2014年为10、3。这说明在私有性质的单位居民对是否办理退休或退职手续概念理解不清，认为退休就退休了。另外，在接受问卷调查过程中，对问题的回答也不符合实际情况。同时，在2014年CFPS数据库中，针对"是否退休或退职"还存在"不适用"这类答案，我们筛选出年龄在70岁及以上的人中，有95人选择"不适用"，但问起所在单位的雇主性质中，却有33人选择公有性质的单位，54人选择私营性质的单位，3人选择外商/港澳台企业，5人选择民办非企业组织，对于这类答案，我们将其全部从样本中排除，不计入居民的实际退休中来。

3.3.3 解释变量描述分析

以上根据对户主的界定，我们对CFPS数据库中的户主数据进行了筛选，并在此基础上，进一步对2010、2012、2014三年中尚未办理退休手续的户主数据进行剔除，最后剩下样本数为939个。然后对筛选出来的数据进行归纳、整理以及整体的概括和描述，即进行初步的描述性统计，了解调研数据的基本特征，这里主要是对数据的集中趋势、离散趋势及分布情况进行描述。对于解释变量来说，除了"有领取的医疗保险""健康状况"以及"当前的婚姻状态"是这三个名义变量不止有两个选项，其余是名义变量都是两个选项，因此需要分开对他们进行描述性统计。样本库中户主所在的家庭拥有的子女数量均值为2，已婚子女数量为1。户主的平均年龄为57岁，户主的年龄分布多在50～61岁之间，其中年龄在60岁的户主在样本中比例最高，其次为61岁的户主。样本中约有67%的户主已办理了相关退休手续，约有41.53%的户主领取养老保险，21.62%的户主有慢性病诊断记录。户主个人年总收入由于有缺失值，样本数为934个，其平均的年总收入为25688.26元。

表3-1　退休等数值型变量的描述性统计

单名义变量	样本数	均值	标准差	最小值	最大值
退休	939	0.6698616	4705134	0	1
户主年总收入	934	25688.26	46426.62	0	1203800
子女数量	939	2.059638	1.045174	0	6
已婚子女数	939	1.022364	0.7880574	0	4
有领取的医疗保险	939	0.4153355	0.4930424	0	1
是否有慢性病	939	0.2161874	0.4195565	0	1

在对选项不是两项的名义变量做描述性统计前先行进行赋值，分别对名义变量户主享有的医疗保险、健康状况、婚姻状态进行赋值。结果如下：将医疗保险分为没有医疗保险的（=0）、公费医疗（=1）、城镇职工医疗保险（=2）、城镇居民医疗保险（=3）、补充医疗保险（=4）、新型农村合作医疗（=5）；户主健康状况的赋值为非常健康（=1）、很健康（=2）、比较健康（=3）、一般（=4）和不健康（=5）。同样给婚姻状态也进行赋值，具体为未婚（=1）、在婚有配偶（=2）、同居（=3）、离婚（=4）、丧偶（=5）。

统计发现：在939个样本中，除去缺失值，共有896个可观测值，其中有123人是享有公费医疗的，占比为13.73%；有303人享有城镇职工医疗保险，占比为 33.82%；有 143 人拥有城镇居民医疗保险，占比 15.96%；只有 8 人享有补充医疗保险，另有 259 人享有新型农村合作医疗，占比为 28.91%；还有 60 人选择没有以上列出的五种医疗保险。在健康状况方面：在 939 个样本中，有 137 人的健康状况为非常健康，占总数的 14.59%；有 212 人的健康状况为很健康，占比为 22.58%；有 334 人的健康状况为比较健康，占比为 35.57%；有 167 人健康状况一般，占比为 17.78%；有 89 人是不健康的状况，占总人数的 9.48%，这说明近 30% 的人健康状况堪忧。对户主的婚姻状况统计发现：在 939 个样本中有 858 人是在婚的状态，占总人数的 91.37%，而未婚为 6 人（占比 0.64%），同居为 5 人（占比 0.53%），离婚为 29 人（占比 3.09%），丧偶为 41 人（占比 4.37%）。

关于户主的个人总收入，样本中 55～60 岁的户主平均年收入为 31961.4 元，户主退休后随着年龄的增大，其拥有的平均年收入也随之降低。调查统计得出 60～65 岁的户主平均年收入为 24783.56 元，而 70～75 岁户主的平均年收入下降得更为明显，直接下降到每年 14758.1 元；如果以十年为间隔进行统计，60～70 岁的户主平均年收入为 23513 元，65～75 岁的户主平均年收入仅为 17685.54。接着，我们进一步分析了 45～75 岁之间不同学历的男性户主的平均年收入情况，统计分析发现：如还未读完小学或文盲的户主平均年收入为 14200.55 元，最高学历为小学的户主平均年收入为 17285.1 元，初中、高中/中专/技校/职高、大专的户主平均年收入依次为 22915.54 元、28570.17 元、60047.53 元，大专学历的收入有了显著的提高。当然，这也并不是说"学历越高，收入越高"，研究数据显示，大学学历的平均年收入 55491.09 元，是略低于大专学历的户主收入的。

3.3.4 被解释变量的描述性统计

按年龄对被解释变量进行描述性统计得出：老年人的家庭年消费性支出随着其年龄的增长呈现总体下降的趋势，特别是食品类消费支出、衣着类消费支出、交通通讯类消费支出、家庭设备用品及服务支出以及其他类消费支出下降趋势明显。在食品类消费支出方面，50～55 岁、55～60 岁、

60～65岁、65～70岁年龄段所在家庭的平均年消费性支出分别为21099.69元、21029.66元、18360.30元和15930.30元；衣着类55～60岁家庭平均消费性支出为3418.15元，65～70岁时则下降到2324.65元；交通通讯类消费性支出四个年龄段依次为5442.76元、5158.60元、4174.60元和2682元；家庭设备用品及服务支出在55～60岁的家庭年平均为11501.65元，70～75岁时，家庭在家庭设备用品及服务支出的消费则迅速下降到平均每年支出为2790.84元；其他类消费支出同样下降明显，四个年龄段的消费数据分别为4430.21元、1069.34元、1134.84元和737.50元。在一些消费类支出下降的同时，也有一些消费类支出是上升的。如医疗保健类消费支出就呈现出上升的趋势，教育娱乐支出也有增长的趋势，老年人较喜欢医疗保健和旅游类的相关产品和服务。由于老年群体对医疗保健的需求较多，特定年龄的消费需求是特定消费结构的前提与基础，这就使得居民退休后给家庭消费结构带来最为明显和最直接的影响就是医疗保健类支出在家庭总的消费支出中的比例上升，户主年龄在55～60岁的家庭医疗保健支出占比为7.89%，而到70～75岁时，其家庭的医疗保健支出占比增加到了13.72%。

3.4 变量相关性检验

我们根据变量的特征选择不同的方法对变量间的相关性进行检验，针对数值型的变量，本书给出Pearson相关系数，相关系数大于0.8为高度相关，在建立计量模型中一般不希望出现高度相关的变量以免出现由多重共线性导致的估计偏误。我们的解释变量间的相关系数都低于0.5，符合计量建模的要求。其中，退休与否与收入之间的相关性为负，说明退休与收入呈反向变动，退休后收入降低符合实际情况。

在解释变量中除了数值变量，还有另外一种即名义变量。针对名义变量，本书则采用列联分析法，给出Cramer's V相关系数。经验认为，当Cramer's V相关系数小于0.3，相关性较弱；当Cramer's V相关系数大于0.6，则相关性较高。

3.5 模型构建

为了对"退休消费困境"进行研究，我们构建了退休消费模型。基本模型如下：

$$y_{it} = \alpha + \beta \text{retirement}_{it} + \gamma X + u_t + u_j + \varepsilon_{it}$$

其中，i 代表家庭，t 代表年份。被解释变量 y_{it} 表示不同年份不同类型的家户消费，是户主家庭在过去一年中全部消费的总支出或各项明细类支出的自然对数，相应的指标主要有家庭消费性支出（expense）、食品消费（food）、衣着消费（dress）、邮政交通通讯类支出（trco）、家庭设备用品及服务支出（Daily）、教育文娱支出（Eec）、医疗保健支出（Med）和其他类消费支出（other），模型中关注家庭整体消费状况以及家庭中食品、衣着、居住、家庭设备及用品、交通通讯、医疗保健、文教娱乐等消费性支出的影响。主要解释变量是 retirement$_{it}$，该变量是二元虚拟变量，用于表示家庭中户主的退休状态。X 表示本书计量模型中除退休虚拟变量（reti_per）之外其他的控制变量，主要用来表示家户的个体特征，依据影响退休居民家庭的消费因素的机制分析，对控制变量进行了认真的筛选后，选出如户主是否有养老保险（old_ins）、享有医疗保险的数量（med_insu）、是否有慢性病（ill）、身体健康状况（health）、婚姻状况（marriage）、家庭中子女的数量（chd_num）、已婚子女数（chd_mry）等。u_t 表示时间固定效应，u_j 表示省域层面固定效应，ε_{it} 则为服从白噪声过程的随机干扰。β 的系数和符号是本书主要关注的。如果模型中 β 的影响方向显著为负，则说明居民退休后所在家庭存在消费的下降，退休消费困境这一现象是存在的；如果为正，则说明"退休消费困境"并不存在。

3.6 估计方法

本书选取的是CFPS2010、CFPS2012、CFPS2014三年的家户追踪调查的面板数据。之所以选择面板数据，其优势在于：首先，截面数据由于只有一年数据，既无法准确考察因变量的变动是否是由自变量的变化引起的，也无法解决用户层面不随时间变化的个体特征所带来的遗漏变量问题。而面板数据既有截面维度，又有时间维度，可以尽量解决遗漏变量问题，差分掉用户层面不随时间变化的不可观测的那部分特征；其次，面板数据可提供更多个体动态行为的信息；最后，本书的样本容量较大，可以提高估计的准确度。Blau（2008）、Hurd&Rohwedder（2008）也认为相对于队列、横截面调查数据来说，使用面板数据更加有利于开展退休对消费的影响这一研究。

对面板数据下的模型估计本书采用混合回归的方法，不考虑个体效应，即不存在固定效应和随机效应，将所有的个体视为都能拥有完全一样的回归方程。本书中样本的选择是通过较多的个体特征对所有的个体进行了筛选，比如通过年龄，家庭条件等筛选出的可供用于实证检验的样本个体已经在很大程度上具有了同质性特征，其个体异质性的部分也是需要用于研究的可测异质性部分。因此，可以对全样本的离散点建立回归模型用于估计。具体的参数估计方法就是最小二乘法。

本书考察的是退休对家庭消费的影响。由于CFPS调查中大部分户主在2010年之前就已经退休了，退休是不随时间而变的，如果直接使用固定效应模型，退休这一关键变量会被差分掉，因而我们不能直接用固定效应模型，直接控制不是个人层面的固定效应。然而为了控制除家庭层面其他特征如所在地区等因素对家庭消费的影响，我们控制了省份的固定效应。此外，由于本书使用的短面板数据，数据时间长度较短，各变量在不同年度之间序列相关问题不是很严重，并不需要模型中各变量之间是同阶单整。

3.7 结果及相关分析

居民退休后对食品、衣着、居住、家庭设备用品及服务支出、医疗保健、邮政交通支出、教育文娱支出等会产生什么样的影响呢？显然，可由Diamond等扩展的两期世代交替模型推导出消费者为了实现其一生效用的最大化时的目标函数，然后结合消费者预算约束得出相应的拉格朗日函数，说明在对居民消费的影响过程中，收入是关键影响因素，这也符合我国居民的实际消费行为和凯恩斯的绝对收入消费理论。一般情况下，影响消费的最为重要的因素就是收入，因此在回归时，我们将收入这个变量放入计量模型中进行回归分析。

3.7.1 退休对家庭消费总支出的影响

根据以上所述，我们对本书的计量模型进行了回归，考察退休对家庭消费性总支出和各类消费性支出的影响，验证退休消费困境是否存在，本书都控制了省份固定效应。

户主退休与否对居民家庭总消费支出的影响，见表3-2。从统计学角度看，模型的整体F检验表明整个回归模型是显著的，也即整体模型是合理的。从估计结果来看，用户是否退休对家庭消费性总支出呈现出显著负向作用，该值在10%水平上显著。退休直接导致居民消费性支出相比退休前下降15.7%。当家庭户主退休后，意味着家庭中的主要劳动力退出了劳动市场，退休的负效应使得家庭要开始重新考虑并调整日常的消费支出，也有可能是家庭在面临退休冲击时，尚未做好充分的心理准备，带来退休后家庭消费支出及福利水平的下降。这一实证结果并不像传统的生命周期理论所预测的那样。

另外，控制变量领取养老保险与否在10%的显著性水平下显著，这表明有养老保险的人比没领取养老保险的人其消费支出要减少14.7%，有养老保险的居民往往在退休前的工作比较正规，退休后没有工资性收入对其冲击与影响相对于没有养老保险的居民来说更大。而拥有城镇居民医疗保险的比不拥有任何医疗保险的人群，疾病治疗医保较有保障，退休后有医疗保险的老年人会更舍得消费，其平均消费支出比不拥有任何医疗保险的居民所在家庭的消费高出了34.1%。

表3-2　退休对家庭消费总支出影响的回归结果

解释变量		家庭消费总支出
是否退休	—	−0.157* （0.0824）
收入	—	0.000* （0.0000）
子女数量	—	−0.027 （0.0413）
已婚子女数	—	−0.063 （0.0444）
是否领取养老保险	—	−0.147* （0.0768）
是否有慢性病	—	0.043 （0.0761）
健康状况	非常健康	—
	很健康	−0.089 （0.0874）
	比较健康	0.132 （0.0974）
	一般	0.032 （0.1140）
	不健康	0.049 （0.1302）
医疗保险	没有医疗保险	—
	公费医疗	0.636*** （0.1317）

解释变量		家庭消费总支出
医疗保险	城镇职工医疗保险	0.546*** (0.1213)
	城镇居民医疗保险	0.341** (0.1360)
	补充医疗保险	0.489** (0.2450)
	新型农村合作医疗	0.049 (0.1266)
截距项	—	10.186*** (0.1873)
省域	—	控制
年份	—	控制
F值	—	4.94***
R方	—	0.22

注：（1）括号内为稳健标准误；（2）***$p<0.01$；**$p<0.05$；*$p<0.1$（3）"—"表示基准变量。

3.7.2 退休对家庭消费结构的影响

由于居民消费结构的差异，退休对各类消费支出的影响存在差异。我们按照消费结构依次对食品类、衣着类、居住类、邮政交通通讯类、家庭设备用品及服务类、医疗保健类、教育文娱类支出分别进行考察。由于食品是必需品，退休前后对其消费的影响并不大，对食品的回归并不显著。

第一，衣着类消费支出。从回归结果来看，退休对衣着消费的影响在5%的置信水平下存在显著的负向影响。这可能是因为居民退休后，对衣着装扮方面的要求较工作时要低，受勤俭节约艰苦朴素的消费观、退休后收入、消费能力的限制，居民的衣着消费支出突出舒适得体、简约整洁，衣着支出减少了 25.6%。由于老年人对服装的消费远不如年轻人，现在市场上绝大多数的服装厂家都把目光聚焦在年轻人身上，适合退休后步入老年群体的服装数量相对较少，并且，花色、品种、款式、设计等因素直接抑制了老年人的消费热情。另外，控制变量中家庭的子女数量在 1% 的显著性水平下显著，家庭中子女数量越多的，户主退休后家庭在衣着方面的消费总支出就会下降 14.9%，子女数量多的多数为农村居民家庭，通常是无钱消费，在此基础上，如再增加家庭中子女的数量，那么衣着方面的消费肯定会下降。户主有医疗保险的家庭退休后衣着消费支出是增加的，另外，婚姻状况相较于未婚的情况来看，其家庭衣着消费支出是增加的。回归结果分析见表 3-3。

表 3-3　退休对家庭衣着类消费支出影响的回归结果

解释变量		家庭衣着消费支出
是否退休	—	−0.256** (0.1037)
收入	—	0.000 (0.0000)
子女数量	—	−0.149*** (0.0541)
已婚子女数	—	−0.007 (0.0599)
是否领取养老保险	—	−0.046 (0.1081)
是否有慢性病	—	0.191** (0.0931)
健康状况	非常健康	—
	很健康	−0.089 (0.1252)
	比较健康	−0.097 (0.1413)

解释变量		家庭衣着消费支出
健康状况	一般	-0.112 (0.1500)
	不健康	-0.086 (0.1813)
医疗保险	没有医疗保险	—
	公费医疗	0.523*** (0.1654)
	城镇职工医疗保险	0.466*** (0.1385)
	城镇居民医疗保险	0.329** (0.1566)
	补充医疗保险	0.596* (0.3245)
	新型农村合作医疗	0.116 (0.1497)
婚姻状况	未婚	—
	在婚有配偶	1.082*** 0.4016
婚姻状况	同居	1.077** (0.4440)
	离婚	0.753* (0.4454)
	丧偶	1.095** (0.4312)
截距项	—	5.259*** (0.5241)
省域	—	控制
年份	—	控制

解释变量	家庭衣着消费支出
F值	—	4.37***
R方	—	0.18

注：（1）括号内为稳健标准误；（2）***p＜0.01；**p＜0.05；*p＜0.1（3）"—"表示基准变量。

第二，居住类消费支出是指与居住住房相关的所有支出，包括住房的维修装修费、建造维修装修用房的雇佣工人的工资、生活用水用电用煤气燃料等的相关费用，也包括租房的费用。退休后居民在家的时间明显超过退休前在家的时间，因此对于生活用水用电等消费开支明显提高，增加了31.8%。回归结果分析见表3-4。

表3-4 退休对家庭居住类消费的回归结果

解释变量		家庭居住类支出
是否退休	—	0.318* (0.1949)
收入	—	0.000*** (0.0000)
子女数量	—	0.041 (0.0668)
已婚子女数	—	0.187** (0.0782)
是否领取养老保险	—	0.455*** (0.1337)
身体健康状况	非常健康	—
	很健康	−0.119 (0.1672)
	比较健康	0.121 (0.1862)

解释变量		家庭居住类支出
身体健康状况	一般	0.323 (0.2077)
	不健康	−0.039 (0.2114)
婚姻状况	未婚	—
	在婚有配偶	0.178 (0.3997)
	同居	0.232 (0.5232)
	离婚	−0.071 (0.5322)
	丧偶	0.111 (0.4534)
截距项	—	6.753*** (0.4432)
F 值	—	6.38***
R 值	—	0.13

注：（1）括号内为稳健标准误；（2）***p＜0.01；**p＜0.05；*p＜0.1（3）"—"表示基准变量。

第三，邮政交通通讯类。从回归结果来看，退休对邮政交通通讯类支出的影响在10%的置信区间下显著负相关，退休家庭相较于非退休家庭在通讯消费上下降了12.2%。这一结果与现实较为相符。居民在工作时，平日来回上班往返由于要使用交通工具，为此所需支付的交通费是工作过程中必须要支出的一部分，在工作过程中，还需进行手机通讯等事务联系，这些都充分说明居民退休后，与工作相关的衣着、交通通讯类的开支并不受消费惯性影响，具有相对的独立性。但是退休后下降的比例相比原先消费也没有过大，这主要是因为有些家庭中，家庭规模在缩小，子女不与其父母同住，为了随时了解彼此的情况，越来越多的子女与父母的沟通联系都会借助手机电脑通讯的力量，并且家庭中父母由于已退休了，在与子女的交流方面也有了更多的时间自由，对于这部分家庭来说，通讯费用并没有降低。回归结果分析见表3-5。

表3-5　退休对家庭邮政交通通讯类支出的回归结果

解释变量		家庭邮政交通通讯类支出
是否退休	—	−0.122* (0.0958)
收入	—	0.000** (0.0000)
婚姻状况	未婚	—
	在婚有配偶	1.095*** (0.3846)
	同居	0.152 (0.5307)
	离婚	0.497 (0.4208)
	丧偶	0.935** (0.4219)
截距项	—	7.088*** (0.4683)
省域	—	控制
年份	—	控制
F值	—	6.15***
R方	—	0.18

注：（1）括号内为稳健标准误；（2）***p＜0.01；**p＜0.05；*p＜0.1（3）"—"表示基准变量。

第四，家庭设备用品及服务类支出。这类支出在10%置信水平上显著，退休后所在家庭的设备用品及服务支出下降的比例为23.30%。这主要是因为：由于汽车、电器、家具及其他耐用消费品属于耐用品，居民对家庭设备等用品的需求具有刚性，退休后这类产品与服务支出一般不会反复轻易更换，并且由于以往的消费习惯具有惯性，对传统的家用耐用消费品的需求几乎饱和，对新开发的有较高科技含量的创新类高端产品的接受程度有限。因为尽管人们的生活水平逐渐在提高，开始讲究生活质量与注重生活品质，但是既有的消费惯性让这种质的改变需要经历一个过程。回归结果分析见表3-6。

表3-6　退休对家庭设备用品及服务类支出的回归结果

解释变量		家庭设备用品及服务支出
是否退休	—	−0.233* (0.1442)
收入	—	0.000** (0.0000)
子女数量	—	−0.121* (0.0639)
是否有慢性病	—	0.074 (0.1302)
身体健康状况	非常健康	—
	很健康	−0.031 (0.1451)
	比较健康	0.154 (0.1778)
	一般	0.099 (0.1932)
	不健康	0.078 (0.2203)
截距项	—	7.298*** (0.2663)
省域	—	控制

解释变量		家庭设备用品及服务支出
年份	—	控制
F值	—	3.57***
R方	—	0.11

注：（1）括号内为稳健标准误；（2）***p＜0.01；**p＜0.05；*p＜0.1（3）"—"表示基准变量。

第五，医疗保健类支出。退休对家庭医疗保健类的支出的影响是正向的。家庭医疗保健支出方面在退休后随着年龄的增长有了增加，并且较退休前来说增加比例达到了23.5%。这主要是因为：一是退休后人们更加关注自身的身体健康与否，通常愿意花费更多的时间与金钱在养生保健方面；二是退休后年龄逐渐或已步入老年阶段，各方面的身体机能在急剧变化。有人说，60岁是人生命周期年龄方面的分水岭，就是因为它不仅意味着退出职场，同时，也是身体各器官开始衰退的年龄。患病的概率增加，比如慢性病的影响，相应的医疗保健支出也会随着增加。另外，一些老年人还有特殊需求，如需要社区的居家养老、家庭出诊、护理照料、日间观察、临终关怀等服务。回归结果分析见表3-7。

表3-7　退休对家庭医疗保健类支出的回归结果

解释变量		家庭医疗保健支出
是否退休	—	0.235** (0.1127)
收入	—	0.000 (0.0000)
医疗保险	公费医疗	0.188 (0.2197)
	城镇职工医疗保险	0.189 (0.1862)
	城镇居民医疗保险	0.068 (0.2020)

续　表

解释变量		家庭医疗保健支出
医疗保险	补充医疗保险	−0.372 (0.3166)
	新型农村合作医疗	−0.075 (0.1936)
是否领取养老保险	—	−0.030 (0.1108)
婚姻状况	未婚	—
	在婚有配偶	0.882** (0.3480)
	同居	1.103* (0.5746)
	离婚	0.580 (0.4485)
	丧偶	0.382 (0.3975)
截距项	—	6.568*** (0.4009)
F值	—	2.18**
R值	—	0.02

注：（1）括号内为稳健标准误；（2）***p＜0.01；**p＜0.05；*p＜0.1（3）"—"表示基准变量。

第六，教育文娱类支出。退休对家庭教育文娱支出并不显著，退休前后在这一类的消费支出并没有特别大的变化。退休后的居民步入老年，一般不再接受新的教育及培训，文化娱乐支出通常还是年轻人消费较多，退休后居民更多承担了处理家务、打扫卫生、洗衣烧饭等日常生活事务，在文娱休闲方面的消费并没有被激发出来，很多居民会充分利用现有的社区资源来丰富自己的业余生活，比如跳广场舞、参加合唱团、就读老年大学等，即便是通过读老年大学来提高自己的专项技能，也不会有很大的花费。老年娱乐支出主要是受收入减少而限制，除非他们热衷旅游，但在有想去外面的世界看看的兴趣并有一定的身体体质作为保证，如能利用淡季出游，不仅可以享受较低的旅费，还可以获得更高品质的旅游体验。回归结果分析见表3-8。

表3-8　退休对家庭教育文娱支出的回归结果

解释变量		家庭教育文娱支出
是否退休	—	0.090 (0.1660)
收入	—	0.000 (0.0000)
子女数量	—	−0.053 (0.0865)
已婚子女数	—	0.334*** (0.1022)
是否领取养老保险	—	0.124 (0.1822)
是否有慢性病	—	0.338** (0.1551)
健康状况	非常健康	—
	很健康	0.069 (0.2248)
	比较健康	−0.079 (0.2616)
	一般	−0.406 (0.2900)
	不健康	−0.300 (0.3418)
医疗保险	没有医疗保险	—
	公费医疗	0.387 (0.3058)

解释变量		家庭教育文娱支出
医疗保险	城镇职工医疗保险	0.182 (0.2921)
	城镇居民医疗保险	0.081 (0.3229)
	补充医疗保险	0.265 (0.7498)
	新型农村合作医疗	0.188 (0.3006)
婚姻状况	未婚	—
	在婚有配偶	0.312 (0.9104)
	同居	-2.410*** (0.9324)
	离婚	−0.738 (1.0605)
	丧偶	0.227 (0.9520)
截距项	—	7.338*** (0.9728)
2010年	—	—
2012年	—	0.276 (0.2180)
2014年	—	−0.381 (0.2881)
F值	—	22.17***
R方	—	0.06

注：（1）括号内为稳健标准误；（2）***$p<0.01$；**$p<0.05$；*$p<0.1$（3）"—"表示基准变量。

3.7.3 退休对上海居民家庭消费的影响

消费的差异性不仅体现在个体特征、个体收入层次、不同年龄方面，也在地域层面日益凸显。为了更好地了解户主退休后家庭消费的变化趋势，我们以上海为案例城市进行分析。从上海样本数据的回归分析结果来看，与全国整体的情况类似，但居民家庭户主退休后对家庭消费的冲击相较于全国来说显得下降更多，减少了原有家庭消费总支出的23.20%，在10%的置信水平上显著。由于居民在退休后收入的下降导致购买能力的降低，还在一定程度上阻碍了上海居民自身及家庭的消费水平的提高。上海居民退休对居民家庭医疗保健、教育文娱以及邮政交通通讯等支出方面经过模型构建后完成检验得知在退休前后影响并不大，因此未在表3-9中报告。

消费结构层面主要体现在家庭两大类消费支出的下降，分别为衣着类支出下降了39.3%，家庭设备用品及服务类支出下降了48.4%，两者都是在5%的置信水平上显著。一是由于服装厂商把更多的目光关注年轻人，对老年服装市场的重视与开发程度不够，市场上供年纪较大的居民可挑选的衣服种类相对有限；二是退休后对衣服的挑选与兴趣度没有上班时那么强烈。同时，对家庭的耐用品消费也不如退休前，呈现出明显的降低。退休后的家庭食品消费支出、居住类等消费类支出并不显著。总的来说，在上海，居民退休对家庭消费呈现出了负面效应，不容忽视消费的下降对经济增长的影响。

表3-9　上海居民退休对其家庭消费总支出及消费结构的影响

解释变量		总的消费性支出	食品消费支出	衣着消费总支出	设备用品及服务支出	居住类支出
是否退休		−0.232* （0.1363）	0.006 （0.1203）	−0.393** （0.1975）	−0.484** （0.2261）	0.236 （0.3691
收入		0.000** （0.0000）	0.000*** （0.0000）	0.000 （0.0000）	0.000* （0.0000）	0.000*** （0.0000）

解释变量		总的消费性支出	食品消费支出	衣着消费总支出	设备用品及服务支出	居住类支出
子女数量		−0.159 (0.1060)	−0.099 (0.0849)	−0.253 (0.1421)	−0.437*** (0.1660)	0.476** (0.2021)
已婚子女数		−0.014 (0.1026)	0.049 (0.0934)	−0.163 (0.1549)	—	0.361* (0.2173)
是否领取养老保险		−0.285* (0.1526)	−0.161 (0.1296)	−0.052 (0.2172)	—	0.575* (0.3259)
是否有慢性病		0.242 (0.1625)	0.082 (0.1024)	0.273 (0.1811)	0.127 (0.2571)	—
健康状况	非常健康	—	—	—	—	—
	很健康	−0.035 (0.1562)	−0.065 (0.1583)	−0.263 (0.2761)	0.173 (0.2609)	−0.377 (0.3927)
	比较健康	0.265 (0.1862)	0.099 (0.1776)	−0.206 (0.3131)	0.206 (0.3657)	0.334 (0.4424)
	一般	0.061 (0.2143)	0.133 (0.1960)	0.020 (0.3394)	0.570 (0.3990)	−0.040 (0.4986)
	不健康	−0.111 (0.2893)	−0.169 (0.2366)	−0.619* (0.4160)	0.105 (0.4831)	−0.423 (0.6314)
医疗保险	没有医疗保险	—	—	—	—	—
	公费医疗	0.186 (0.2685)	0.160 (0.2333)	−0.054 (0.3776)	—	—
	城镇职工医疗保险	0.344 (0.2394)	0.233* (0.1940)	0.231 (0.3147)	—	—
医疗保险	城镇居民医疗保险	0.193 (0.2346)	0.070 (0.1867)	0.004 (0.3047)	—	—
	补充医疗保险	0.214 (0.3810)	0.050 (0.4496)	0.108 (0.7261)	—	—

解释变量		总的消费性支出	食品消费支出	衣着消费总支出	设备用品及服务支出	居住类支出
医疗保险	新型农村合作医疗	−0.047 (0.2247)	−0.385** (0.1968)	−0.224 (0.3229)	—	—
婚姻状况	未婚	—	—	—	—	—
	在婚有配偶	—	1.040*** (0.7379)	1.416*** (1.1919)	—	−0.091 (0.6909)
	离婚	—	0.998*** (0.8389)	1.600*** (1.4265)	—	−1.997 (1.6379)
	丧偶	—	0.511* (0.7743)	1.164*** (1.2445)	—	—
截距项	—		10.555*** (0.3073)	8.376*** (0.7817)	6.458*** (1.2659)	8.117*** (0.3320)	5.924*** (0.8412)
2010年	—		—	控制	—	—	—
2012年	—		0.313 (0.2071)	0.457 (0.2774)	0.253 (0.3453)	—	—
2014年	—		1.023*** (0.2545)	1.1172*** (0.3653)	1.406*** (0.3659)	—	—
F值	—		3.64***	5.16***	1.62*	4.09***	5.41***
R方	—		0.22	0.31	0.13	0.13	0.30

注：（1）其中，总的消费性支出、设备用品及服务支出括号内为稳健标准误；而食品消费支出、衣着消费总支出、居住类支出为标准误；（2）***$p<0.01$；**$p<0.05$；*$p<0.1$；（3）"—"表示基准变量。

第四章　我国居民退休前后的消费行为分析

　　经济现象总是发生在我们的现实生活之中，并受特殊的社会环境、社会发展阶段以及文化制度等因素影响。在本章中，为进一步深入了解退休居民的消费行为，获取有关居民退休后的消费水平以及其家庭消费行为、消费水平与消费结构的资料，同时也为了研究方便，文中选取了上海市退休后时间大约在五年的居民为抽样框，调查上海市退休居民的生活状况，分析居民退休后较于退休前在消费心理、消费行为等方面有何变化与影响。

　　之所以选择上海为调查案例地，是因为按照人口老龄化判定的国际通用标准，上海早在1979年就成为我国第一个进入老龄化的城市，自1990年以来，上海65岁及以上老年人口的比例基本都维持在10%以上，高于国际上设定的7%的标准。2000年全国第五次人口普查数据统计：上海65岁及以上老年人口的比重为11.53%，比全国高出了4.5个百分点，远高于全国的人口老龄化水平；2010年第六次全国人口普查的数据显示上海的老年化程度相比"五普"的数据降低了，但是仅降低了1.4%[①]。若单独计算上海本市的户籍人口，其中本市老年人口占总人口的比重就显得更高了。图4-1显示了上海近五年的抚养比，其中，总抚养系数呈现出逐年递增的趋势。2017年上海的总抚养比高达31.94%。上海作为我国老龄社会的一个缩影，人口老龄化程度较深，这符合本章研究的背景。

---

　　① 数据来源于上海市民政局、上海市老龄工作委员会办公室和上海市统计局制定的上海市老年人口和老龄事业监测统计信息。

百分比（%）

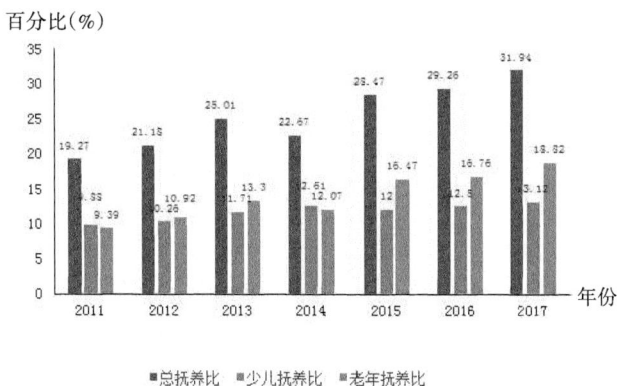

图4-1　上海市人口年龄结构的变动（2011—2017）

第二，上海作为国际化大都市，各种消费走在前沿，受最终消费水平的提高与经济增长影响，居民生活环境明显，居民的消费结构不断改善，生活质量不断提高。这样一个消费水平与消费结构总体向好的大都市就为研究上海居民退休后所在家庭的消费行为分析增添了现实基础。根据居民消费计算，上海市城镇居民人均消费水平在1980年为553元，在1990年为1937元，而2017年就增长到了42304元；而农村居民人均消费水平则由1990年的1262元增加到2017年的18090元，消费水平无论是城镇还是农村居民都获得了明显上升，但近些年来，城乡消费水平比有所提高，基本在2以上，城乡的居民消费水平在1990年开始差距扩大，特别是在2010年城乡之间居民消费水平比为2.54，创历史新高，2011年之后这种差异开始逐渐缩小，见图4-2。

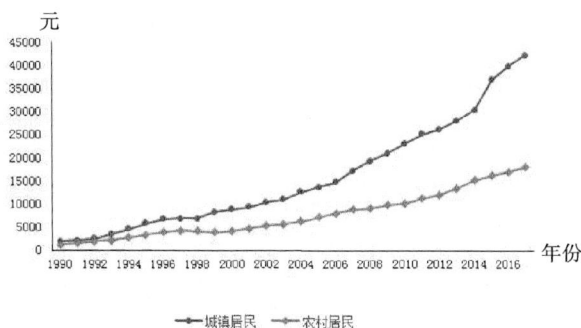

元

图4-2　上海市城乡居民消费水平

第三，由于上海是人均寿命较长的城市，老龄化在总人口中的比例以及老龄化总量都在不断增加，人口高龄化现象严重。2014年上海60岁及以上老年人口达413.98万，整体较上年增长6.8%，是自2000年以来的最大增幅，从2014年到2017年60岁及以上老年人口持续上涨，到2017年60岁及以上老年人口达481.61万，占总人口的33.10%；从2018年末到2019年末，60岁及以上的老年人口占总人口比重从34.4%增至35.2%。上海户籍人口中80岁及以上高龄老人由2007年的50.24万增加到2017年的80.58万，2017年80岁及以上高龄老人占总人口的5.54%，较2007年涨了近1.89个百分点。2019年末，70岁及以上老年人口总占人口比重为15%，80岁及以上占总人口比重为55.7%。退休居民的高龄化说明了以上海为案例具有代表性和典型性，关注退休后老年群体的消费活动和老年产业的发展就具有了很多的现实意义。

4.1 上海市退休居民日常消费状况的调查

问卷调查作为人文社科学科常用研究方法之一，在搜集研究所需的资料过程中，因信度、效度较高被研究人员广泛采用。我们之所以在问卷调查基础上，采用个案研究方法进行互补联合，主要原因有以下两点：

第一，完全依靠对被调查者进行问卷调查，很难细致周到且全面地探索居民退休后的生活与消费行为，经济理论的验证与结果的预判本身就需要不断走进居民的现实生活中，也就是说以定量、宏观、客观为特点的问卷调查也需要辅之以微观、定性研究以及主观见解与观察的个案研究、深度访谈等，只有这样，对退休后居民家庭的消费等研究才会显得更加立体、全面与饱满。

第二，要想了解退休后居民的老年心理、退休后家庭成员心理微妙的变化、体察人的主观内心世界对退休事件的反应，以及居民家庭实际消费情况等较为敏感甚至涉及个人隐私的数据，问卷调查显然没有个案研究、深度访谈那样具有优势，只有通过个案研究才能更深层次了解退休后居民以及所在家庭成员的真实感受，可行且有效。调查中我们通过半开放式问卷来了解退休老人对于退休给消费带来的影响的理解，以及其日常消费行为所涉及消费维度的特点，探究上海市退休居民有关消费的核心内容与特点，提取出对退休后的居民所在家庭消费结构的理论构想。

4.1.1 问卷调查的基本概况

（1）样本的选取

在上海市进行了共发放问卷700份，其中回收有效问卷621份，有效率为88.7%，问卷的回收率为88.7%，表明此次调查有效。受调查的退休后居民的个人特征基本信息为：男性355名，女性266名。在选择样本过程中，在学历层次上，具有初中、高中和大专学历的退休老人分别占样本总数的24.8%、26.6%和17.7%；在婚姻结构上，已婚和丧偶的退休老人分别占样本总数的51.7%和21.9%；在健康状况方面，老年人要意识清楚和身体康健，并且有主动意愿。

（2）调查方式

基于研究目的和研究需要，为了更好地对问卷进行解释说明，我们采用自编的半开放式问卷，该问卷由于涉及家庭居民的收入、消费水平和各类消费情况，涉及居民家庭隐私等方面内容，有的受访人员认为这是敏感性问题。为获取被调查人员的情感与实际行动方面的支持与合作，问卷设计好后尚未采用邮寄或网络发放问卷的方式，尽量不通过直接访问的形式，而是在问卷的设计过程中注重扩大答题的范围，通过专人当面发放，并在发放之后一个星期之内收回。通过半开放性问卷，主要了解退休了五年左右的居民对于消费的主要问题和他们在退休后关注与聚焦的生活方向。

（3）数据处理

数据处理以文本挖掘和关键词频提取为主，采用聚类分析的逻辑，将问卷中退休老人重点表达的词汇提炼出来，形成合理的逻辑结构。对难以处理以及无关语句进行剔除，并根据退休老人的特点及时补充，以保障他们对于消费水平及结构的基本描述。

（4）研究工具

依据国内外涉及消费心理学相关研究的体系，我们使用半开放式问卷的内容并充分吸收专家的意见，编制出退休老人消费的调查问卷。该调查问卷分为5个主要方面共31个条目，分别是自身消费背景、退休前的消费结构、退休后的消费结构变化、消费方式及消费理念等，最终编制成《老龄化群体消费表象的趋势与特征调查问卷》（见附录一）。通过对调查获得的数据进行归纳整理，制作图表，并对数据统计、解释分析进而形成研究结论。

4.1.2 数据分析

（1）退休行为对居民平均收入影响

收入是消费的前提与基础，因此在收入取得较快增长的同时，消费能力与消费水平也在不断提高，从而能够有效满足人们取得生存资料、发展资料以及享受资料等方面的需要。消费水平与经济收入密切相关，上海市居民退休前后月平均收入情况，见表4-1、表4-2。

表4-1 退休前月平均收入情况

退休前月平均收入	3000元以下	3000～5000元	5000～7000元	7000～9000元	9000元及以上	总计
占比	16.9%	30.1%	31.1%	14.3%	7.6%	100.0%

表4-2 退休后平均月收入情况

退休后月平均收入	3000元以下	3000～5000元	5000～7000元	7000～9000元	9000元及以上	总计
占比	19.0%	30.6%	27.9%	11.6%	10.9%	100.0%

从调查数据来看，退休前后的工资收入在3000～5000元、5000～7000元、7000～9000元之间分别占了30.1%、31.1%、14.3%和30.6%、27.9%、11.6%，表明退休行为对老年人的收入均有影响，收入水平有所下降，但是影响程度并没有想象的那么大。退休行为影响老年人收入水平，一旦人

们退休，很多人会按月领到退休金，退休金成了大多数退休者的主要经济来源，决定着退休后的基本经济状况，但是退休金往往远低于其在职时的工资，如果每个月的收入降低了，那么其消费水平以及消费结构自然也会发生改变。在与退休人员的沟通中，我们也能感受到退休对其生活水平、消费水平和消费结构都有很大影响。

（2）退休前后居民日常伙食消费分析

退休人口的日常消费涉及每月的生活费用开支情况，主要包括伙食类、日用品类、休闲娱乐类以及交通通讯类等方面，这些方面均受影响。

表4-3　退休前每月的伙食费用占平均月支出费用占比

退休前伙食费	30%以下	30%~40%	40%~50%	50%~60%	60%~70%	70%~80%	80%以上	总计
人数	208	216	122	44	15	8	8	621
占比	33.5%	34.8%	19.6%	7.1%	2.4%	1.3%	1.3%	100%

从表4-3可看出，上海市退休居民在退休前的伙食消费中，34.8%的退休居民在退休前的伙食消费占平均月支出总费用为30%~40%，占比最高；其次为33.5%的受访退休居民的伙食费用占比在30%以下；有19.6%的退休居民的伙食费用占平均月支出费用的40%~50%。这说明，受访居民退休前的伙食费用占月平均支出的费用占比大都集中在40%以下。

表4-4　退休后每月的伙食费用占平均月支出费用占比

退休后伙食费	30%以下	30%~40%	40%~50%	50%~60%	60%~70%	70%~80%	80%以上	总计
人数	195	210	144	45	12	8	7	621
占比	31.5%	33.8%	23.2%	7.2%	1.9%	1.3%	1.1%	100%

从表4-4可看出，上海退休居民在退休后的伙食消费中，33.8%的退休居民在退休后的伙食消费占平均月支出总费用为30%~40%，占比最高；其次为31.5%的受访退休居民的伙食费用占比在30%以下；有23.2%的退休居民的伙食费用占平均月支出费用的40%~50%。数据显示，与退休前

相比，退休后居民每月伙食费用占平均月支出总费用比重并未发生较大变化，但伙食消费占平均月支出总费用比重的40%～50%区间的退休居民人数增加了18%；其他区间比例并未发生明显变化。这说明，退休行为对居民伙食消费有影响，主要体现在收入减少，伙食费用占月支出总比重略有增加，但影响并不大。

（3）退休前后居民日常用品消费分析

表4-5　退休前每月日常必需品费用支出占比

退休前日常必需品	5%以下	5%～15%	15%～25%	25%～35%	35%～45%	45%～65%	65%以上	总计
人数	140	217	163	47	32	15	7	621
占比	22.5%	34.9%	26.2%	7.6%	5.2%	2.4%	1.2%	100%

居民对日常用品即物品和生活必需品的支出，这里并不包括伙食类和家庭电器类的消费。从表4-5可看出，上海退休居民在退休前的日常用品消费中，最高34.9%的退休居民在退休前的日用品消费占平均月支出总费用的5%～15%；其次为26.2%的受访退休居民的日常用品费用占比在15%～25%之间；有22.5%的退休居民的伙食费用占平均月支出费用的5%以下。这说明，退休前受访居民的日常用品费用占月平均支出的费用比重并不大。

表4-6　退休后每月日常必需品费用支出占比

退休前日常必需品	5%以下	5%～15%	15%～25%	25%～35%	35%～45%	45%～65%	65%以上	总计
人数	104	242	171	63	26	4	11	621
占比	16.7%	39.0%	27.5%	10.1%	4.2%	0.7%	1.8%	100.0%

从表4-6可以看出，上海市退休居民在退休后的日常必需品消费中，39.0%的退休居民在退休后的日常必需品费用支出占平均月支出总费用的5%～15%；27.5%的受访退休居民的日常必需品费用占比在15%～25%之间；有16.7%的退休居民的日常必需品费用支出占平均月支出费用的5%以

下。和退休前相比，退休后居民每月日常必需品费用支出占平均月支出总费用比重并未发生较大变化，但日常必需品费用占平均月支出总费用比重的5%～15%区间的退休居民人数增加了12%；每月日常品消费占5%以下的退休居民相比退休前下降了35%。这说明，退休对居民日常必需品消费有影响，日常必需品消费花费属于生活经常性消费，在每月平均月支出总费用中所占比重加大，退休后家庭消费结构发生了改变。

（4）退休前后居民医疗类消费分析

表4-7　退休前每月医疗消费占比

退休前医疗消费	15%以下	15%～30%	30%～40%	40%～50%	50%～60%	60%～70%	70%以上	总计
人数	223	217	105	46	16	7	7	621
占比	35.9%	34.9%	16.9%	7.5%	2.6%	1.1%	1.1%	100%

从表4-7可以看出，上海市退休居民在退休前的医疗消费中，最高35.9%的退休居民在退休前的医疗消费占平均月支出总费用为15%以下；其次为34.9%的受访退休居民的医疗消费占比在15%～30%以下；有16.9%的退休居民的医疗费用占平均月支出费用的30%～40%。这说明，退休前受访居民的医疗消费占月平均支出的费用占比并不大，这可能因为有规律的工作和作息，以及精神生活的充实对身体健康的促进作用。

表4-8　退休后每月医疗消费占比

退休后医疗消费	15%以下	15%～30%	30%～40%	40%～50%	50%～60%	60%～70%	70%以上	总计
人数	142	169	189	72	23	16	10	621
占比	22.9%	27.2%	30.4%	11.6%	3.7%	2.6%	1.6%	100%

从表4-8可以看出，上海市退休居民在退休后的医疗消费中，30.4%受访退休居民在退休后的每月医疗消费占平均月支出总费用为30%～40%之间；27.2%的受访退休居民的每月医疗费用占比在15%～30%之间；22.9%的退休居民的医疗费用占平均月支出费用的15%以下。相比退休前，医疗

类消费占平均月总支出费用比重在30%~40%区间的人数增加了80%；消费比重在40%~50%区间人数增加了56%。这说明，退休后受访居民的医疗消费占月平均支出费用的比重开始增加，这可能因为工作对身体健康的影响，伴随着退休后社会角色的缺失，导致日常生活无重心感，所带来的心理上的影响而产生了躯体上的"放大效应"。

（5）退休前后居民交通费用消费分析

表4-9　退休前居民出行经常使用的交通工具情况

退休前主要交通工具	步行	自行车	公共交通	出租车	私家车	其他	总计
人数	81	140	218	52	125	5	621
占比	13.0%	22.5%	35.1%	8.4%	20.1%	0.9%	100.0%

上海市退休居民在退休前的主要交通工具的选择中，35.1%的退休居民在退休前交通工具选择"公共交通"；22.5%的受访退休居民的选择"自行车"；13.0%的居民选择"步行"；20.1%居民选择"私家车"（见表4-9）。这说明，退休前受访居民出行方式主要以"公共交通"为主，其次为"自行车"和"私家车"，还有一些群体由于居住地与上班地点较近，同时也为了更好地锻炼身体，会选择经常"步行"的方式。

表4-10　退休后居民出行经常使用的交通工具情况

退休后主要交通工具	步行	自行车	公共交通	出租车	私家车	其他	总计
人数	83	80	276	60	117	5	621
占比	13.4%	12.9%	44.4%	9.7%	18.8%	0.8%	100.0%

从表4-10可看出，上海市退休居民在退休后的主要交通工具的选择中，选择"公共交通"的退休居民比例为44.4%；选择"私家车"的人数较退休前下降1.3%。这说明，退休后受访居民的交通消费占月平均支出的费用比重开始缩减。这主要受退休后收入水平的减少、身体健康程度和工作单位福利等多方面因素影响。

（6）退休对居民社交类消费的影响分析

社交类消费作为生活中不可缺少的消费形式，反映着人们沟通联系交往、表达情感的需要。

表4-11 退休前每月的社交类消费占比重

退休前社交消费	5%以下	5%~15%	15%~25%	25%~35%	35%~45%	45%~65%	65%以上	总计
人数	178	212	123	65	19	13	11	621
占比	28.7%	34.1%	19.8%	10.4%	3.1%	2.1%	1.8%	100.0%

从表4-11可以看出，上海市退休居民在退休前的社会交往类消费中，34.1%的退休居民在退休前的社会交往消费占平均月支出总费用为5%~15%之间；28.7%的受访退休居民的社会交往类消费费用在5%以下；19.8%的退休居民的社会交往类消费占平均月支出费用的15%~25%。这说明，退休前受访居民的社会交往类消费占月平均支出的费用比重并不大，这可能因为工作生活的充实，导致受访者没有太多时间处理个人社会交往关系；同时，在工作角色的影响下，个体的人际交往类型往往受到了职业的影响，多体现为同事关系为主，因此，人际交往费用比较单一。

表4-12 退休后居民社交类消费占比

退休后社交类消费	5%以下	5%~15%	15%~25%	25%~35%	35%~45%	45%~65%	65%以上	总计
人数	138	232	136	71	27	6	11	621
占比	22.2%	37.4%	21.9%	11.4%	4.3%	1.0%	1.8%	100%

从表4-12可以看出，上海市退休居民在退休后的社会交往类消费中，在5%以下的区间相对退休前有所减少，5%~15%、15%~25%、25%~35%区间比重略有增加。这说明，退休后居民开始关注自身的人际交往。原因在于退休后职业角色的缺失、可支配时间的充裕等，促使退休老人将更多的时间用在人际发展上，以平衡退休带来的精神空缺。

（7）退休行为对居民精神文化类消费的影响分析

精神文化的消费是相对于物质消费而言，它不是对各种物质资料消费品的消费，而是个人通过发挥自身的智力资源的需要，是较高层面的享受需要和发展需要，当然也包括个体或家庭对创造消费活动和对文化成果的享用与熏陶。精神文化产品和精神文化性劳务的消费与科技、文教的发展水平密切相关，对精神文化的追求体现着对个人自身素养提升的需要以及对个体全面发展的追求。

表4-13   退休前每月精神文化类消费占比

退休前精神文化类消费	5%以下	5%～15%	15%～25%	25%～35%	35%～45%	45%～65%	65%以上	总计
人数	182	204	142	46	25	9	13	621
占比	29.3%	32.9%	22.9%	7.4%	4.0%	1.4%	2.1%	100.0%

从表4-13可以看出，上海市退休居民在退休前的精神文化类消费中，最高32.9%的退休居民在退休前的精神文化类消费占平均月支出总费用为5%～15%之间；其次为29.3%的受访退休居民的精神文化类消费费用在5%以下；有22.9%的退休居民的精神文化类消费占平均月支出费用的15%—25%。这说明，退休前受访居民的精神文化类消费占月平均支出的费用主要在5%～25%之间，这可能因为工作时间的影响，导致受访者没有太多时间关注自身对新闻、知识、个人技能方面的维持和培养。

表4-14   退休后每月精神文化类消费占比

退休后精神文化类消费	5%以下	5%～15%	15%～25%	25%～35%	35%～45%	45%～65%	65%以上	总计
人数	155	224	141	55	26	14	6	621
占比	25.0%	36.1%	22.7%	8.9%	4.2%	2.3%	1.0%	100.0%

在对受访居民进行退休后的精神文化类消费调研中得出，比重最高的36.1%的退休居民在退休前的精神文化类消费占平均月支出总费用为5%～15%之间，较退休前增长10%；其次为25.0%的受访退休居民的精神文化类消费费用在5%以下，较退休前下降了15%；有8.9%的退休居民的精神文化类消费占平均月支出费用的25%～35%，较退休前增加了20%。这说明，退休后受访居民的精神文化类消费开始增加。退休后居民因可支配时

间的增加，导致其将更多精力投入到关系自身发展的技能培养、兴趣爱好的维持、知识的学习等方面，而这些方面可能是个体感兴趣的某些领域。这反映了个体在退休后更加关注自身精神世界的发展和丰富。

4.2 个案研究

在问卷调查的基础上，我们进一步对退休后的居民开展了个案研究。个案研究的主要目的在于：第一，试图获取上海居民退休前后内心深处真实的想法与感受，特别是居民家庭日常的消费收入、消费偏好、消费心理、消费需求以及实际的消费情况；第二，不仅可获取对受访者的访谈记录，还可通过观察受访者及其家庭真实的自然情境下的有关消费行为来进一步丰富问卷中很难涵盖的资料，既能体现受观察个案的独特性，也能体现研究的深度，以及对整体的脉络梳理，因此显得更加生动具体和饱满；第三，可对居民退休前与退休后的消费等方面的情况进行比较，重点关注退休后当下正发生的事件或行为，但并不对退休居民和相关消费行为等有任何的操控性，这显然符合个案研究的情境。

4.2.1 个案研究方案的设计

首先，个案研究方案设计的步骤主要有聚焦研究问题，厘清研究问题的重点是什么，并将退休前后居民及其所在家庭成员的消费心理、消费行为等方面的变化作为研究目的之所在，以较为开放的态度，掌握资料收集的方式方法，尽可能客观全面的收集、整理、分析和呈现通过访谈等获得的数据资料，采用半结构化的个案访谈方式来进行关于此问题的个案研究。

其次，采用抽样访谈的方式，访谈的对象为居住在上海这座城市，已退休且年龄最好在60岁以上的老年人。受访者的身份与职业具备一定的代表性与典型性，如有普通的市区市民，政府事业单位的干部，在学校授课的教师，在车间工作的工人，当然也有个体户，他们之间的身份与职业性质截然不同，受教育程度，所在家庭背景也不尽相同。由于需要深入访谈，因此频率一般为每人至少三次，每次访问时间控制在一小时左右。

再次，关于访谈地点与访谈方式的选择，我们采用滚雪球方式介绍的已退休居民和通过街道、社区以及老年人经常锻炼社交活动的公园、小区文化休闲场所等地来随机选出已退休的居民进行约谈。在访谈收集资料的准备过程中充分考虑访谈对象的年龄、心理、思维习惯、行为特征等，对于在一部分人看来是涉及家庭收入与消费较为敏感的信息内容，访谈者重新调整访谈的问题，可设置具体的收支区间让其选择，给受访者予以足够的尊重，尽可能创造轻松愉悦的访谈氛围。

最后，在访谈前，笔者在介入方法、访谈技巧、访谈内容的控制、访谈时间、访谈记录等方面做了充分的准备工作，以确保访谈内容真实有效。在资料的收集过程中，除了注重将问题问好，充分倾听，减少偏见，并以较为开放的态度，与受访者进行互动交流，保持对环境高度的适应力，同时，也能时刻掌握研究的主要内容与访谈议题，对研究的问题保持高度的敏感性，切实关注退休后老年群体的独特性与复杂性。

4.2.2 深度访谈的目的与具体访谈内容

采用个案研究的目标为探索上海居民退休前后其家庭日常开支的状况，了解城市老年群体退休后的基本消费状况，初步对退休前后居民的消费行为变化的一般特性进行比较，深入剖析影响退休后老年群体消费行为的因素（见表4-15）。通过对退休后居民的消费理念、消费背景、消费实力、消费明细分类、消费习惯、消费方式等内容的了解，判断这一类群体的消费行为倾向、消费主要方向等。

表4-15 访谈的内容与目的

序号	访谈内容	访谈目的
1	老人自身的消费实力与消费背景	判断老人对自身财务状况的自信程度； 判断老人潜在的消费实力、方向与消费层次

序号	访谈内容	访谈目的
2	老人退休前后消费大项占比的变动	了解老人退休后消费关注点的转移情况； 判断老人潜在的消费刚需； 侧面了解老人相应的消费理念
3	老人的消费习惯与消费方式	探究老人偏爱的消费方式； 比较不同消费习惯背后所蕴含的消费理念
4	老人的消费动机	判断突遇消费侵权事项时，老人的应对措施； 探索老人在消费过程中的自我保护意识
5	老人的消费理念	判断老人对现社会上消费趋势的认可程度； 判断老人的消费出发点与立足点； 探索适合老龄人士的消费市场及消费途径
6	老人对新型消费的看法	判断老人的潜在消费行为倾向； 判断老人消费方式对老人生活家居的实际影响

4.2.3 访谈分析：退休后居民日常的消费心理呈现

从社会人类学视角来看，居民退休后的消费行为研究仍需考虑其退休前的职业特征、性格倾向、家庭中的养老模式、与子女的关系、收入与家庭财富水平等方面。因此我们主要选取几个不同职业与身份的老人退休后生活世界的故事，以回应退休对老人消费行为与消费水平的影响这一主题。透过这些生活故事，我们试图用现实中的经济事例去印证学术界普遍关注的"退休消费之谜"是否存在，尝试在退休消费领域获得值得提升的相关理论成果；同时，这些故事也能向人们展示城市老人退休后生活的不同层面。本部分共深度访谈了四位已退休的居民。

第一位是董老师。董老师本人受教育程度相对较高，是大学专科学历，后通过自考获得了本科文凭。用董老师的话说，她跟姐姐相比，自己算上是赶上了好的时代。董老师所在家庭的经济条件好，消费动机较强，可以说拥有不错的消费实力。通常，居民退休后的收入直接影响其消费层次，收入较高的老人一般消费层次越多样化，对精神文化类消费的需求也就较多。精神文化类消费水平高的老年人，其文化程度一般相对较高；趋于较高收入的退休老人"既有钱又有闲"，其日常消费呈现多元化，而且在食品消费方面的比重投入不多，认为退休后生活应该更丰富，家庭成员之间的相互支持对退休老人的消费心理和消费结构有很大的促进作用，这往往和家庭的消费实力有着一定联系。因此这类群体的消费理念是在物质生活得到满足的条件下，旅游、学习技能等精神消费占很大比重。这也告诉我们，老年人更高层次的精神需求应得到重视和满足。

第二位是老孙头。通过对他的访谈发现处于一般收入水平的退休老人的消费趋于理性化，认为平时工作时工资也不高，日常消费还是满足刚性需求为主；处于低收入水平的退休老人认为日常消费能省就省。通过访谈获知老人退休前后消费结构变动原因：经过对比老人退休前后的消费情况，我们发现医疗消费明显提升，主要是因为随着年龄的增长，身体健康程度也随之下降，总会出现一些疾病，虽然有医疗保险但是报销的数量较少。同时，退休后老人在生活娱乐方面的消费逐渐增加，比如兴趣消费、旅游消费等。主要原因在于，退休后自由时间的增多，以及老年人对自身健康尤其重视（这也多少反映出普遍流行的广场舞活动的原因）；退休后年纪越大，身体机体潜在病痛增加，加上我国医疗保障制度不完善导致部分医药不能报销。不过，虽说退休后老人时间增多，但是如果有的家庭中子女需要老人照顾孙辈，那么老人在娱乐方面的时间就会大大减少。

第三位是退休蔡阿姨的日常生活。从蔡阿姨身上可以看出，身体健康与否成为蔡阿姨及其家庭成员最为关心的头等大事，因此，与退休前不同，在消费结构方面，退休后的生活消费更加看重食品的营养价值、产品的保健功能等特点，重注科学、实惠性消费，追求物美价廉的物品。对退休老人来说，这一点表现得尤为突出。老人退休后，收入水平有所下降，他们的消费不像青年人那样富于幻想，而是常常把商品的实用性放在第一位，强调质量可靠、性价比高、经济合理和有利于身心健康，至于商品的品牌、款式、颜色和包装是其次的。退休后的居民在消费时最为看重的产品与服务的两大指标：一是性能，二是产品定价。

　　第四位是张大爷。经过访谈，笔者发现，退休后老人消费习惯与消费方式的一般特征：大多数退休老人在购物时主要是为自己和家庭所需购买商品，且购买商品种类也并不多。他们往往去主动购买一些花销并不高的生活必需品和日用品。但不同学历和工作单位性质不同的退休个体，在消费方式上也存在差异，张大爷的案例显示出有的老年人的消费方式相对新潮。比如他们可以自己或在子女的帮助下完成互联网购物，对移动互联网的依赖逐渐加深。在性别差异上，如男性肯于钻研互联网，一般男性较女性更会使用网络消费。以上四位受访者在退休前后生活故事的具体信息见表4-16。

表4-16　四位退休老人生活故事消费行为一览

身份	性别	退休时长	年龄	退休前的主要消费内容	退休后的主要消费内容
董老师	女	1年	56岁	家庭平日生活所需花销，包括伙食、日用品等。孩子的教育投入；丈夫工作方面的人际交往等消费	家庭伙食开支、在学习技能方面、宠物消费、与朋友在一起的消费
老孙头	男	5年	65岁	家里买菜、伙食开支、药品偶尔出去打牌需要消费、有时候还要补贴给我女儿女婿	家里买菜、伙食开支、买药、在宠物上的花费、旅游活动的开支、衣服、骑行活动的花费、打桥牌的花费
蔡阿姨	女	5年	60岁	日常伙食、生活开支、家里日常用品、炒股、打麻将	丈夫的医药费伙食、日用品、孙女的零花钱和学习资料，每月给她妈妈的生活费
张大爷	男	7年	61岁	日常伙食、家庭日用品购买烟酒、与同事吃饭一起出去钓鱼的消费	退休后又工作。每月日常伙食消费家庭日用品、烟酒、钓鱼付给老板的花费、技能学习相关的学费、电子产品、电脑费用

4.3 退休与居民消费行为的相关分析

"一勺水亦有曲处，一片石亦有深处"。通过访谈四位受访者参与的生活叙事，让我们对于退休与老年消费行为有了更为直观的认识感受。从理论上来看，生活方式是个体有别于他人的生活、兴趣、观念和其他方面的模式，尤其是关于如何在时间管理和消费行为方面的态度。所以，按照科特勒的观点：人的消费行为总是贯穿在生活世界中。

本章上节通过对个人的深度访谈来描述老年人的日常消费行为，试图探讨退休前后居民生活模式的变化来分析消费态度和消费行为是否存在变化？如果退休确实对居民消费行为产生影响，又在哪些消费类别方面凸显，究竟有哪些因素影响了居民退休后的消费行为？退休老人对自己的老年生活感受是什么，该如何理解制度退休与老年生活的相关性等一系列问题，不仅会引起读者对退休老人生活状况的关注和了解，也会引起读者对于退休前后居民消费变化的重新审视。同时，案例中退休老人生活的重点也成了本章论述如何引起消费变化的现实依据。本章通过对四位典型访谈案例的退休居民生活故事的深刻阐释，进一步梳理并诠释"退休"与老年消费行为的现实相关性。从人类学视角对退休老人生活史的梳理拓宽了研究的视野。

4.3.1 退休消费源于存在价值

作为人类重要社会行为的消费行为往往有其深刻的存在理由，但同时也有其产生的社会原因。因此，当人们试图对某种社会行为或社会现象进行分析的时候，社会人类学就把这种努力界定为功能分析（功能分析主要认为某项活动维系产生的功能，与系统其他部分如何互动的以及该功能事项对系统的重要性，包括行动者、达成的目的、情境与文化规范等方面），如从个体与社会相互作用的角度即社会心理学视角来看，即为行为动机分析。作为人类社会中以年龄为划分标准而产生的特定群体，退休后的老年群体消费行为的变化也有其存在与发展的现实必然性。如果人们能从老年消费动机的角度加以理解，也许能对老年退休生活中的所谓"消费之谜"形成一种新的理解。人对自身存在的意识能力是伴随着人们的主观能动能力的增强而增长的。在此过程中，个体的生存能力和社会存在成为社会关联的要素，也是个体存在的必要思考。

（1）生命的延长需要改变消费结构

人的自然属性就是要服从生老病死的规律。同时，人又有其社会属性，这也是人的根本属性。通常人都会有发达的语言系统、行动能力，更有独特而系统的思维能力。因此，人类社会的生存与发展有着一般动物不会持有的特质：以人的主观能动性为基础而在实践过程中形成的人与人、人与社会之间的关系。因此，人类首先需要关心的是个体的生命存在，这是人类得以不断延续社会性的前提。当今社会，人类寿命不断延长，个体对自我生命的关注也开始逐渐增强。个体与社会之间的联系越紧密，往往就会越关注自身的生命存在。其次，自有私有制以来，家庭就成为社会最基本也是最主要的社会组织。家庭成员之间的相互关联构成了一个生态环境，每一个个体都要为这个组织的生存和发展贡献自己的努力。人从出生之日起，到青少年时期习得谋生技能，再到中年时期的自我发展，再到退休后离开职场的老人，他们的存在对于家庭组织的意义并没有结束。在家庭中，他们可以把自身的社会认知和经验传递给下一代，同时在系统发展过程中担负着维持情感、文化的重要责任。诚然，这一过程中，老人需要有清晰的思维意识，并以有一定的社会行动能力为前提，不断推动着家庭自身的发展。尽管老孙头生活悠闲，但他还是十分注意身体健康，甚至花钱买健身器材和自行车设备。通过适当锻炼，让老孙头感受到生命存在对退休生活的重要价值。

（2）存在价值是退休消费的基础

在社会实践中，生命存在可以从两个方面阐述。一是人的自然存在是社会存在的基础。如个体身体健康、社会行动能力强，那么个人价值就会得到充分的展示。二是自然存在也是个体自身意义的物质基础。从居民退休后的消费情况可以看出，其消费日益体现出多元化的消费结构，体现出退休居民的个体存在意识随着退休行为的出现而日益强化。所以，从人类学的视角来看，对于身体状况的关注是居民退休后首要考虑的因素。从生活史来看，人在经历了青少年的拼搏和中年的辉煌之后，人一生中最精彩的时光已经过去，人们也不太会过多关注自身存在的意义和主观感受。然而，虽然退休行为导致居民离开社会角色，但对于个体来说，只要社会文化承认老人的社会价值，他们依然可以继续发挥余热。因此，他们对精神世界与精神文化生活的向往，更体现出社会文化对于老人存在的认同。这既是社会文化对老年生存提出的要求和希望，也是给老年消费观念的转变提供了现实的需要和机会。如通过"技能学习得到了家人的支持和肯定"的董老师，其投入到技能学习上的花费正是她对于自身存在价值的理解和诠释。

4.3.2 消费行为反哺退休生活

从社会实践的发展来看，个体的物质生活可能会随着社会实践水平的提高而提高，但人的社会实践水平阶段性特征受到人自然属性的限制。当人走向退休之后，老年人的物质生活世界在这个方面表现得会更明显。从辩证法角度来看，人的精神世界的自我生产也会反过来作用，与物质生活的不同层面。这表现为：当人的岁数慢慢变大，特别是从工作岗位退出之后，人的机体对物质层面的需求慢慢变少，精神世界的自我生产慢慢增强，这种精神生活的自我丰富也是退休老人主动适应退休后角色关系转变的结果。退休后时间的增多、工作角色的缺失、机体对物质需求的减少等变化，促使退休老人只有不断提高自身的精神素质、丰富自身的精神生活、满足自身的精神需要，才能更好地适应退休后的社会角色。人的各种存在形式和行为指向都要受到"意识"的影响，作为"意识"的精神世界与物质世界相比，不仅显得丰富，而且更有扩展的空间。

退休以后，个体自身的身体条件下降，使得退休后的居民大多对物质生活的需求减少。与此同时，为延续和提升生命存在的价值，他们对精神生活的追求却会逐渐上升，并为此提出越来越高的要求。在退休前无法满足的精神需求，在退休后却成为主导老年生活的重要力量，并潜移默化地影响着退休后生活的建构。老人们在退休后会有一种心理上的缺失感，这不仅是工作角色的脱离，同时更是存在价值感的降低。因此，老人退休后更加关注精神世界的满足，认为以前工作时候没有完成的个人爱好、愿望等，都会通过退休后的精神娱乐活动得到满足，这是个体延续生命存在价值的补偿方法，进而更好实现从"养老"到"享老"，感受老年生活新高度。每位社会个体都拥有完全属于自己的独特的精神世界，这是一个不同于外部环境的主观世界。个体不仅具有认识世界的能力，同时也可以在头脑中进行思维加工。退休老人除了对退休生活有直接主观认知外，他们的兴趣、知识水平、生活习惯、家庭结构也是决定退休后老人的消费行为和退休前相比发生变化的主要原因。

（1）精神消费是拓展个体兴趣的需要

人类心理活动的三种基本形式：知、情、意。不同的个体以不同的兴趣爱好构成了各自不同的精神生活。对于老年人而言，退休前他们的关注点在工作角色以及由此延伸的关联，退休后他们的关注点发生了巨大转变。退休后，对自身兴趣爱好的调整与拓展无疑成为他们老年精神生活的强大动因。在个体访谈中所展示的老年人在技能学习上的消费故事充分印证了兴趣爱好对老年生活消费的影响与推动。

关于兴趣和个体行为之间的关系问题，杜威认为：兴趣是人的行为与外在世界的统一，突出的表现在"个体与外在事物之间的互动关系"。兴趣往往也是确保人的行为持续性的"桥梁与纽带"。爱好钓鱼的人对于钓鱼的兴趣，是建立在鱼的存在的基础上；而钓鱼行为的存在也是基于对"钓鱼"的兴趣。鱼的存在和钓鱼的兴趣构成了钓鱼者丰富的精神世界。然而，人的持续的行为，又是以个体强大的意志力为基础，人的兴趣行为的不断持续又不断增强了人的意志力，反过来又强化了人的兴趣行为。因而，人的兴趣与行为是辩证统一的关系。

董老师退休后就想学习那些让她感兴趣的东西，"有句话叫'上得了厅堂，下得了厨房'，所以，包括子女教育、孙辈抚养等家庭生活方面的知识与技能我也想学。"这也是让她觉得学习让自己的退休生活更加充实的重要原因。对于老孙头来说，他认为花在骑行协会和桥牌上的钱，"不是为了物质利益，而是为了培育老年生活的兴趣"，这样的学习才能让老年生活更精彩。张大爷也认为，"平时去郊区私人鱼塘花钱钓鱼重在享受和朋友在一起的乐趣。"

在现实生活中，对精神领域消费的不同表现往往受年龄、身份与社会背景的影响与制约。老年人的消费除了日常生活之外，多以培养或满足自身的兴趣爱好作为追求目标。对于董老师来说，学习摄影是她对老年生活的兴趣使然，报名参与舞蹈学习使她有机会能"与有涵养的人士为伴"。这些都是老年生活中个体消费行为与自身精神生活的有机统一。通过此次社会调查，我们向社区提议，希望能够在小区里不定期举办公益性的退休居民娱乐活动，也可联谊多个社区同时开展活动，例如钓鱼比赛、象棋比赛、旅游参观等活动，不断丰富退休居民的晚年生活，为他们创造幸福有价值和获得感的生活环境。

（2）社会交往是老年消费的动力

哈贝马斯的交往行动理论把不同主体之间的交往设为以语言为媒介的，并以此探索了人类合理性交往得以实现的基本条件，主要包括交往主体应当具有行为和语言能力、交往情景、语言交流的密切程度以及交流共识的达成等四个方面。从微观角度来看，哈贝马斯的社会交往理论为人类合理性交往提供了思维空间，为社会成员之间的共识形成奠定了理论基础。

与退休前相比，老年人退休后的消费过程，交往合理性理论也提供了积极的理论依据。退休前的交往主要来源于职场，这种交往带有工具性，工具性交往特征往往呈现互惠性。对于退出了职场、社会交往减少的老年人来说，参与团体活动中的人际交往不仅为老年人消费培育了氛围与环境，客观上也为他们重新融入社会生活创设了合适的角色意识。退休后的生活为退休老年人创设了新的交往情景，通过消费行为联结交往活动进一步促进共识的形成和团体的归属感，维持着老年人生活的正常运行。

4.3.3 老年消费嵌入代际关系

（1）代际交换关系影响退休消费

我国家庭的代际交换关系存在双向型与隔代型两种。父母对子女承担抚养关系是一种双向型关系，但在中国家庭生活中，老人还可能要面对着自己儿孙辈，保持与孙辈之间的关怀，这是一种反哺型家庭交换关系，经过这种交换，成员之间的家庭生活才可能是和睦的、幸福的。社会的发展带来人们生活条件的改善，当前年轻人婚恋观在不断调整，在退休居民所在的家庭生活中，子女承担赡养的义务正逐渐弱化，考虑子女工作压力较大，经济条件有限，退休后的老人对子女的支持日益增多，他们往往会主动承担并努力负责照顾孙辈。这种祖孙二代或三代同堂的家庭生活很显然会给退休在家的老年夫妻增加了消费负担。在退休前，他们与子女维持着双向型代际交换关系；而到退休后，老人面临着与第三代之间的隔代型交换关系，他们要从退休收入中拿出一部分费用用于抚育孙辈的教育和生活，"隔代亲"在我国城镇家庭中是较为普遍存在的现象。如张大爷快要结束自己打扫卫生的工作，为的就是照顾即将要出生的孙辈。这对于他来说，是一个重要的任务。但他决定利用退休后工作挣的钱以及退休金，补贴女儿家用，这对于维护他自己的自尊和巩固在女儿家里的地位是非常重要的。

（2）家庭代际消费观念的差别强化老人退休后的消费体验

任何消费行为都具有二重性，即自我价值和社会价值。自我价值主要体现在个体自身独特的消费心理、动机与行为等方面；社会价值则是消费行为在特定的社会结构中所发挥的功能。相比退休老人来说，子女作为年轻一代的消费行为更加体现社会价值。他们的消费行为追随时尚，期望通过消费行为来提升自己的社会地位，在群体中得到他人的尊重。而这种代际差异，如果说退休前因为工作角色的关系，消费多体现出多元化特征，那么，居民退休后的消费体验会因代际消费风格的差异而发生改变。这表现在三个方面：首先，消费内容的改变。退休后居民家庭消费中的精神生活消费开始增加。这既有老人的自我意识，也有受年轻一代消费观念的影响。退休后的老人开始关注"重塑自我"，消费结构方面更加注重生命价值的延续。作为子女，他们也希望老人在退休后身心健康。其次，消费观念更加理性化。老人退休后除了通过劳务帮助儿孙辈以外，往往还会通过再就业方式增加月收入用于日常消费，养老金则用来储备以资助儿孙，如支付孙辈入托费用、购买伙食等。最后，收入水平影响消费行为。在家庭代际消费观念差别不断强化的情况下，收入水平较高的退休老人在退休后的消费行为更加容易受到家庭中年轻一代消费观念的影响，他们对于商品、环境本身有较高要求，用消费行为强化因退休带来的社会存在的缺失。总体而言，老年消费嵌入代际关系，在有利于完善家庭结构和家庭职能发挥的同时，"不平衡的代际交换"值得更多的关注，老年消费嵌入代际关系中，若能实现家庭总体效用的最大值，促进代际感情融洽和睦，不失为一种理想策略。

第五章　美日两国应对居民退休后消费变动的案例及启示

退休意味着一个人结束了自己的工作生涯，其实每个人是可以考虑并选择好自己的退休年龄的，但是一国税法、养老金等通常是将一定的年龄范围设定为"标准"的退休年龄。"标准"的退休年龄也因国家不同而有差异，美国的退休年龄在60—65岁区间，逐渐由65岁增加到67岁。相对于我国劳动者达到退休年龄后必须强制退休且开始领取养老金，美国等西方国家更多采用的是弹性而灵活的退休制度设计，这也是基于人口老龄化、人口平均预期寿命的延长以及养老金支付困难、社会养老压力等问题出现基础之上的考虑。众所周知，人口老龄化正制约着经济社会的可持续发展，在老龄化程度高、老龄化速度快的国家，劳动力短缺和劳动力的老龄化现象日益凸显，同时，人口老龄化的加剧也加重了社会的养老负担。鼓励达到法定退休年龄最低线的人就业可减轻人口老龄化背景下劳动力供给相对不足、甚至出现短缺的局面。

弹性退休制度是当劳动者达到最低法定退休年龄时，有权利根据自身或家庭的实际情况如个人身体状况、家庭财务情况以及能拥有的社会福利等来综合考虑、自愿选择何时退休，何时领取养老金，只要在政府规定的退休年龄段区间内即可。弹性退休制度的设计对于提前退休和延迟退休都有相应的养老金方面的奖惩措施，它是一种关于退休年龄和养老金自主选择方面的柔性制度。这种制度的实施可实现养老金的良性运转和劳动力资源的优化配置，在促进社会公平的同时，更有利于发挥老年群体的余热，使他们在就业方面具有更多的自主性，提高他们晚年生活的满意度、幸福感和获得感。

5.1 美国有关退休的现实困境

随着年龄达到退休年龄的最低线，人们通常情况下会做出一些选择，继续从事全职工作、从事兼职工作、参与娱乐休闲活动，抑或是退休后又重新返岗。退休意味着工作的终止，当个人停止工作不再能够获得工作时应有的收入时，往往只能依靠退休前所积攒的财富。

美国社会的现实背景是二战以后处于高生育率的"婴儿潮一代"（1946—1964）作为美国社会曾经的中坚力量，在当前面临着退休危机。由于二战后大批军人返回美国，社会较安定，带来了人口出生率的大幅提升，新生儿增长过多，美国在这19年间出生的人口高达7800万，"婴儿潮一代"给美国经济带来繁荣的同时，老龄化对美国社会整体的消费也产生着影响。据统计，2000年平均每14人中就有1位年龄达到了65岁或以上，预测到2050年时，美国人中每6名其中就有1名年龄至少达到了65岁。据统计，当前每天都有超过1万名"婴儿潮一代"的人要离开工作岗位，这种情形还将一直延续到2027年。因此引发的人口年龄结构的变化，必然会给政府的养老工作带来很大的压力。"婴儿潮一代"的美国人通常有着超前消费的习惯，喜欢从事股票和房地产投资，总体来说，偏好消费，热衷投资，储蓄较少。但是，当经济面临衰退，市场不景气，股票收益与房地产市场不容乐观，养老医疗费用增加，医疗开支和老年人日常生活成本、护理等费用增加，通货膨胀、社会就业率下降等情况时，"婴儿潮一代"尚未为退休做充分的准备，而社会保障资金捉襟见肘，私营机构拥有稳定养老金比例下降了20%之多，特别是他们中的部分人在退休前一直处于低收入水平，甚至还需偿还抵押贷款等债务，退休危机不容小觑。

美国居民由于在退休后收入降低，其各项开支也受到了影响。调查显示，美国人并没有在退休前做很多的规划，特别是积攒养老资金方面，学者的研究认为退休后养老资金至少需要100万美元才可以有充足的养老保障，但在现实生活中，极少有人能在退休前拥有如此多的财富。美国已退休居民退休时和夫妻双方退休时所拥有的用于养老的资金中位值分别为13.1万美元和22.5万美元。在一项对退休人员、夫妻双方皆为退休的家庭以及单身退休家庭的调查显示，在退休时积攒5万美元以下的分别有53%、37%和73%，而积攒15万美元以上的分别有4%、7%和1%。由于退休后生活的重要来源是退休前的储蓄，美国人的低储蓄无疑成为影响退休后生活质量的一重要因素。此外，调查显示87%的美国居民对退休后有充足的金钱支持安度晚年，对此并没有什么信心；80%的人对接下来的生活保持自身的金融安全没有信心；有25%的人在退休前几乎没为退休做任何准备，49%的55岁以上的工作人员他们的储蓄在5万美元以下。显然，调查数据显示美国人对退休后的收入、储蓄等情况信心不足。

一般来说，退休后，美国居民的收入来源主要有个人储蓄和利息、退休储蓄计划（美国的个人退休账户）、固定收益养老金、社会保障、租金收入、年金、股息、出售资产收入等。由于美国市场在2008—2009年出现低迷，调查中61%的"婴儿潮一代"的工作者认为他们退休后的资产并不够用。显然，存更多的钱、降低生活标准、更积极的投资等策略都可以使得个人资产增加，但由于受资金限制或厌恶风险，大多数人并没有这个能力去大规模增加储蓄和投资，另外很少有人愿意降低生活标准，而延迟退休似乎成为大家乐意接受的方案。有研究估计，居民退休若延迟四年，即从62岁到66岁，那么其退休收入将平均增加33%。由此看来，美国的"婴儿潮一代"面临着极为严峻的退休消费困境，他们维持退休后的消费水平所拥有的收入状况不容乐观。因此，研究美国居民年龄与消费的关系非常重要，因为"婴儿潮一代"的老龄化将会影响到未来几年内美国的整体消费规模和消费结构。

5.2 学界关于美国居民退休前后消费的研究

居民退休前后的消费支出状况引起了美国学者的高度关注。他们通过对生命周期消费理论进行探讨，以问卷调查及访谈等形式开展了大量的实证研究。一项关于居民退休前后其所在家庭财务状况与生活水平的调查显示：有35%的受访群体认为退休后家庭财务状况相比退休前较差，43%的受访群体认为与退休前差别不大，21%的受访群体认为比退休前要好；在生活水平调查方面，其中60%的受访群体认为退休后的生活与退休前无太大变化，认为因退休后收入降低导致生活水平降低的有28%，另外有10%的受访群体认为由于退休后消费支出下降了，退休后的生活水平更好。

学者更多是选择已有数据库如消费者支出调查（CES）、收入动态面板调查（PSID）、退休历史调查（RHS）或健康与退休调查数据库（HRS）获取关于居民退休前后有关消费支出的微观数据，其中使用较多的是消费者支出调查（CES）和健康与退休调查（HRS）。消费者支出调查（CES）包括季度采访调查和日记调查，是美国劳工统计局提供的有关美国居民消费收支信息与消费特性的联邦调查数据。该数据较为完整地再现了居民的收入与消费支出、消费特点等情况，包括了耐用品和非耐用品消费的各种门类数据，它的重要性不仅在于为即将步入退休的居民、经济学者、理财规划师、研发退休规划软件的工作人员提供数据信息，更重要的是政府可通过这些数据信息定期修改一篮子商品和服务的市场价格，为衡量通货膨胀，修订完善相关经济政策提供参考。健康与退休调查（HRS）是美国国家老龄化研究所与密歇根大学合作，针对50岁以上且拥有养老金的美国人进行的每两年一次的调查。2015年美国消费者支出调查数据在2016年8月30日正式公开发布。而在这之前分别是2013年、2011年的数据。美国的消费者支出调查主要分为访谈调查和日记调查，访谈调查主要是月度现金支出，如居民住房、服装、交通、医疗、保险和娱乐等；日记调查主要是指每周经常会购买的物品如食物、饮料、烟草、个人护理产品、非处方药品等。

5.2.1 运用CES数据库研究举例

研究显示退休居民的消费支出出现了明显的下降趋势，由2007年、2009年的消费者支出调查数据（CES）可看出，当人们退休后，65～74岁、75岁+这两个年龄段无论是税前收入还是总支出都比55～64岁这个年龄段低，并且随着年龄增长，收支下降都较明显。住房相关的花费是最大的消费支出类别，其中食物类、服装以及娱乐休闲类消费在这三个年龄段中各自所占的比例相差不大，但是医疗保健方面，年龄越大，在总消费支出方面所占的比重就越高，见表5-1。

表5-1　分年龄段的平均家户支出（单位：美元）①

类别	2007年消费者支出调查数据			2009年消费者支出调查数据		
	55～64岁	65～74岁	75岁+	55～64岁	65～74岁	75岁+
消费单位人员	2.1	1.8	1.5	2.1	1.9	1.6
收入（税前）	71048	47708	32499	70609	47286	31715
总支出	48054	40037	29698	46116	40685	30946
食物+酒类	14%	14%	13%	15%	15%	14%
住房相关	36%	34%	38%	37%	36%	38%
服装	4%	3%	2.5%	3%	3%	3%
交通	20%	19%	13%	18%	17%	12%
医疗保健	7%	12%	14%	8%	12%	15%
娱乐休闲	6%	7%	4%	6%	6%	5%
捐款	6%	5%	9%	5%	5%	8%
其他	7%	6%	6.5%	8%	6%	5%

（注：消费者单元：由于调研家户中夫妻在财务方面都是相互影响的，假设单亲家庭为1，那么夫妻双方的家庭则为2；收入（税前）：不包括居民退休后从退休前所拥有的个人储蓄中取款。）

---

① 根据2007年、2019年消费者支出调查数据（CES）整理。

5.2.2 运用HRS数据库研究举例

健康与退休调查（HRS）是选取美国有代表性的50岁及以上居民的样本，样本量在2万人以上，每两年开展一次的有关居民健康与经济福利等相关纵向数据的调查研究，该项研究是由美国国家老龄研究所和社会安全局支持，探讨了有关劳动力参与和居民健康的转变。自1992年推出以来，HRS通过独特而又深度的访谈获取与搜集了居民收入、工作、资产、养老金计划、医疗保险、身体健康、认知功能和医疗保健支出、家庭支持系统等相关信息。HRS与CES最大区别在于每隔一年，HRS采访的家户单元都是之前采访过的相同的，直到家户成员去世。每隔六年，一个新的家庭单元队列年龄范围在51~56岁的加入其中，为了体现样本的全面性，还特别将非裔美国人和拉美裔美国人考虑在内进行调研。

有学者如Butricaetal运用HRS数据研究得出：65岁及以上的老年人所在家庭的支出随着养老金的变化而变化。为了更好地研究消费者行为模式，他将消费者支出分成八大类，这里的消费者支出主要是指居民自身及其家庭常规性生活消费支出，并不涉及居民的投资类、保值增值类的开支以及居民最终消费中的政府支出部分。根据HRS数据的特点，Butricaetal将消费者支出分为居住、医疗保健、食品、衣着、交通、娱乐、赠予以及其他耐用消费品，并将明细项目纳入这八大类中。这种分类与CES数据库分类基本一致，见表5-2。

表5-2　消费类别划分

类别	具体解释
居住	抵押贷款,家庭/房东保险费,财产,纳税,房租、公用事业成本(电、水、热、电话、有线电视和网络服务),房子/庭院用品
医疗保健	自掏腰包支付保险费、药物、卫生服务
食品	杂货支出并不是花在餐厅的支出
衣着	各种类型的衣服

续　表

类别	具体解释
交通	汽车财务费用、保险费用、汽油、维修费;不包括任何在公共交通上的支出
娱乐	外出就餐,假期,演出门票和爱好
赠予	慈善和其他赠予
其他耐用消费品	购买汽车、电冰箱、电视、电脑等

通过采用以上八大类支出列表,Butricaetal为研究居民退休前到退休后消费趋势的变化进行了大范围的数据分析,根据婚姻状况、年龄组分别对居民的收入、总支出情况、居民每类消费支出在总支出中的百分比、居民的消费习惯等进行了统计分析。分析数据显示,退休后消费会下降这一结论得到了验证。研究证实了65～69岁年龄段的居民当年龄到了70岁以后,其总消费降低明显,唯一与年龄成正比的则是医疗保健支出。对于已婚家庭的居民来说,53～64岁的居民消费总支出中值为17409美元,60～74岁则为15414美元,75岁及以上年龄的消费总支出中值下降到13678美元,相比53～64岁的消费总支出下降了21%,相比60～74岁的消费总支出下降了11%。未婚退休人员的平均消费支出中位数是高于已婚退休人员的,60～74岁这类群体的人均消费支出相比53～64岁的几乎没啥变化。

研究发现在消费结构方面,住房仍是居民的最大消费部分;医疗保健方面的支出虽然随着年龄的增长在增加,但即使在晚年时,75岁以上的居民医疗保健支出还是低于住房消费的水平。对于已婚人士来说,食物消费方面的开支仅低于医疗保健的支出,而未婚人士的食品消费的开支在退休的早期是高于其对医疗保健的消费支出的。衣着方面退休后消费下降,但是仍处于一个相对稳定的比例。无论是已婚还是未婚居民,在交通和娱乐方面的消费支出是大致相同的,随着年龄的增长稍显下降。对于退休的已婚人士来说,75岁以后在赠予和其他耐用消费品方面会增加,但是未婚退休居民未必如此,具体见表5-3。

表5-3   不同婚姻状况和年龄下的平均人均支出（2001）（单位：美元）

类别	已婚			未婚		
	53～64岁	65～74岁	75岁+	53～64岁	65～74岁	75岁+
收入（税前）	30898	20023	15800	24683	18581	15040
总支出	17409	15414	13678	17196	17083	15390
居住	36%	31%	29%	37%	36%	41%
医疗保健	12%	17%	19%	11%	14%	18%
食品	10%	13%	14%	13%	17%	13%
衣着	5%	3%	2%	5%	3%	3%
交通	14%	13%	10%	13%	10%	9%
娱乐	10%	13%	10%	13%	10%	6%
赠予	8%	6%	10%	5%	7%	8%
其他耐用消费品	6%	3%	7%	3%	3%	2%

一项专门针对65岁以上不同类型居民在消费总费用、拥有的家庭总财富等方面的调研数据显示，这项研究特别关注居民住房、社会保障、养老金等拥有情况，并以年龄、种族、受教育水平、性别、健康状况、就业状态、居住的房屋是物主还是承租、居住地在城市还是农村等指标进行考量。更加直观详细地刻画了65岁及以上居民的经济状况。通常，刚退休即65～69岁的居民所在家庭的消费支出会大于年龄在70～79岁，或者年龄在80岁以上的居民家庭。非拉美裔白人、受过较高的教育、身体素较好、退休前有工作单位和产权住房的并居住在城市的居民通常消费支出较高，见表5-4。

表5-4　65岁及以上不同类型居民的人均家庭支出和人均家庭财富（单位：美元）

类别		总费用	总财富	金融资产	住房供给/其他	社会保障	养老金	SSI	养老金财富(1)+(2)+(3)
年龄	65～69岁	17412	412137	16	23	43	17	0	60
	70～79岁	16763	319282	17	28	41	14	0	55
	>=80岁	14779	391381	30	33	30	7	0	37
种族	非拉美裔白人	17277	363009	17	27	42	15	0	56
	非拉美裔黑人	13936	139188	2	20	73	6	0	78
	拉美裔	8704	193989	1	39	49	11	0	60
教育	低于高中教育	12049	271738	12	30	52	6	0	59
	普通教育或高中毕业	15544	346606	18	27	44	12	0	56
	高等教育或更高	22030	545944	24	25	33	18	0	51
性别	男	17211	379120	17	26	43	14	0	57
	女	16316	374031	18	29	38	14	0	52
自感健康	非常好	19094	423471	20	26	39	16	0	55
	好	16253	342307	17	29	40	14	0	54
	一般/差	14021	278715	16	24	50	10	0	60
就业状态	工作	19620	308407	10	25	55	9	0	65
	失业	16500	385870	20	25	40	15	0	55
住房产权	物主/无贷	15092	429440	22	32	35	11	0	46
	物主/有贷	21712	418497	13	28	44	15	0	59
	承租者	16675	161647	7	3	79	10	1	90
城市/农村	城市	17973	331651	14	24	45	16	0	62
	郊区	17646	411903	24	24	40	12	0	52
	农村	14607	443163	12	38	40	9	0	49

　　总体而言，退休后居民某些类型的消费支出会大幅下降，这主要涉及两大类支出：一类是与工作相关的比如衣着、交通出勤等花费的下降，一类是食物类消费，无论是在家还是在外的食物方面的开销都会下降。但是由于退休后居民会在食品消费方面有更多的时间挑选物美价廉的食品，在家庭中也会乐意花费大量的时间享受美食制作的乐趣，居民在退休后每天食品的摄入量和饮食质量等方面并没有降低。虽然从某种程度上来说，弹性退休制度可以缓解居民在退休后的消费下降问题，但是人口老龄化背景下退休居民将越来越多，家庭人均寿命越长，退休家庭的消费是否可以维持在刚退休时的水平是值得探讨与研究的问题。

　　当前，美国人特别是对于年轻的美国人来说，由于雇主支持的养老金计划中待遇确定型计划逐渐濒临破产。据美国一家在纳斯达克上市的公司所在的网站平台 bankrate.com 统计，约有 28% 的美国人表明高昂的医疗费用是他们退休时主要的财务负担，高收入的群体同样也存在这种担忧，并且 23% 的美国人认为储蓄耗尽是他们最大的财务担忧，18% 的人认为是日常消费开支，11% 的美国人最为担心的是退休后的债务问题。退休后的美国人虽然在医疗保健费用、旅行等方面的开支增加，但是总体上由于退休后收入的减少，并不能保证与退休前的生活水准相媲美。由于医疗保健如医疗保险、看病用药、住院、护理、照料等消费支出明显增加，特别是照料方面，主要涉及日常生活照料、医疗方面照料等，大多数都不在医保范围之内，因此需要个人或其家庭承担。

5.3 美国居民退休前后的消费变动情况及应对措施

　　美国人的消费总体特征与中国不同，他们早在 20 世纪 20 年代开始，居民消费支出占 GDP 的比重就已达到 75%，甚至一度达到 85% 以上，美国的总体消费水平在最近一百年里一直都较高，由于居民消费支出占美国 GDP 的比重基本都在 60% 以上，因此，消费对美国经济的拉动与贡献有着举足轻重的作用。美国经济实力较强，居民收入的提高、新中产阶级的崛起、消费信贷的发达、城镇化以及文化产业的推动形成了其独特的居民消费文化和消费习惯，电脑、电视、私人飞机等高科技产品以及医疗、金融、娱乐等服务类消费在提升。尽管如此，促进人们更高消费的根本保障还在于收入、劳动力人口的占比以及货币霸权。由此可见，对居民年龄与消费两者之间的关系研究以及老年群体消费现状的分析就显得非常重要，因此，学术界和联邦政府给予了较大的关注与重视。显然，宏观层面保持强有力的经济增长，较为合理的医疗费用、良好的财政平衡以支付社会保障和医疗保险费用是解决退休后居民消费下降的重要途径。

5.3.1 美国居民退休前后的消费变动情况

老龄社会储蓄减少不断制约着美国居民退休时的日常开支，摩根大通数据公司发现过去40年美国的国民储蓄率稳步下降。2014年该项指标为4.8%，低于8.4%的长期平均水平，这一年，只有44%的美国居民曾试图计算过他们要为退休储蓄多少钱。根据对2013年税前家庭收入的调研，将年龄组分成25岁以下、25～34岁、35～44岁、45～54岁、55～64岁、65～74岁、75岁及以上等七组。其中，25岁以下和75岁及以上的家庭消费支出大于税前收入，这是由于他们是不同寻常的低收入群体，25岁以下的家庭组他们可能有人在使用贷款读书，而75岁及以上的家庭组他们的消费支出除了收入以外会用到之前的储蓄和投资获得的收入，而35～44岁和45～54岁这两个年龄组的税前家庭收入和消费支出几乎没什么区别。

在消费结构方面，首先，美国居民在食物方面的消费随着年龄的增长呈现下降的趋势，2013年，45～54岁、55～64岁、65～74岁、75岁及以上的食物消费支出分别为7907、6711、6020、4144美元，75岁及以上的居民家庭食物消费支出的占比达到了68.17%，而这在45～54岁的居民家庭食物消费占比仅为59.45%。65～74岁家庭食物消费所占比例61.93%，比55～64岁的63.06%稍微偏低一点，但这并不影响居民随着年龄的增长，家庭食物消费所占比例增加这一趋势。

其次，美国居民在住房消费方面，2013年的数据显示住房方面的消费不太符合驼峰模式，但是非住房方面的消费则呈现出驼峰模式。75岁及以上的家庭中仍有15%的家庭在进行抵押贷款，对于65～74岁和75岁及以上的年龄较大的组来说，住房支出仍然很高，分别约为82%和79%。交通和衣着方面的消费，退休后人们的消费支出都将减少，45～54岁、55～64岁、65～74岁、75岁及以上的家庭交通方面的消费数据分别为10782、9482、7972、5149美元，而衣着方面分别为1826、1563、1222、783美元。在医疗支出方面，自费医疗支出随着年龄增长有所增加。

5.3.2 美国应对居民退休后消费下降的举措

（1）美国退休年龄制度的设计

当前，延迟退休是解决人口老龄化、缓解养老金缺口的有效方法之一。美国早在20世纪初就开始实行了法定退休制度，当雇员达到法定退休年龄时必须退出劳动力市场，雇主有权对其进行解雇。此项制度在1986年针对原先制定的《就业法案反年龄歧视规定》进一步修订后，可以说彻底告别了美国劳动力市场的舞台。此后，美国开始采用推迟退休年龄，设计弹性退休年龄制度，并将退休年龄与个人福利挂钩，劳动者越往后退休，其获得的养老金和奖励性收益就会增加。这项改革通过重新设置与调整人们的退休年龄和养老金领取年龄，从根本上优化了劳动力的激励机制。

实质上美国并没有明确规定退休年龄，但有提前退休、正常退休和延迟退休的归类，规定最早领取养老金和最晚领取养老金的时间分别为62岁、70岁。政府规定从62岁开始即可领取养老金（达到62岁且工作满10年）和退休金，但要打折扣。社会保障局也有设定的根据出生年月不同而不同的正常退休年龄，将其定在65～67岁，其目的在于只要劳动者达到正常退休年龄时就有资格领取全额社会保障金，若想进一步增加退休后的收入，劳动者本人可通过选择延迟退休获得奖励性收益。自愿渐进式柔性的退休制度设计不仅有效缓解社保资金缺口问题，还有利于人力资源的优化配置，这充分尊重了劳动者自身的选择权，将退休年龄与退休收入直接挂钩，鼓励劳动者多劳多得，减少领取养老金的群体之间的贫富差距。此外，政策的实行特别是延退方案的设定从法案1983年的修订到2003年的正式施行，整整20年的时间完成了美国民众心理与行为上的良好过渡。美国的这种弹性退休制度从根本上促进了老年人晚年生活的财务自由，相比仅依靠工资收入的消费能力来说，消费水平明显增强。

（2）完善的退休养老体系为居民退休后消费提供保障

美国有着较为完备的退休养老体系。美国居民退休收入中社会联邦安全养老金是强制征收的，覆盖率大，基本可满足居民退休后的养老需求；而雇主和员工个人的养老金计划则是通过自愿的方式来参加的，该计划被认为是美国社会老年保障的第二大支柱，政府鼓励并支持雇主与员工积极参加，并给予雇主企业和个人税收上的优惠。从1875年开始经历了一百多年的发展，美国雇主养老金计划体系及监管制度日渐完善，主要有待遇确定型计划（DB Plan）、缴费确定型计划（DC Plan）以及混合型计划（Hybrid Plan）。其中，DC计划占据主导地位，在美国居民退休的收入中比例逐渐增大，甚至能达到40%。美国401K养老金计划作为缴费确定型计划的一种，是企业年金，企业和职工每月按职工工资为基数，以一定比例存入401K账户，职工在证券组合投资计划方面有较大的自由选择空间。401K账户通过美国的资本市场的积极运作，员工在退休时可以领取。此外，退休居民所在的家庭储蓄以及储蓄获得的利息、年金、股息、租金、出售资产等也是退休后收入的来源。如果说退休前人均年收入为5万美元，那么退休后的人均月收入则为3.25万美元，相当于他们退休前年薪的65%左右，退休后医疗报销税、社会保障税、工资收入税以及退休前每月扣除的预留工资等都没有了，但与此同时，相关的医疗保健费用、退休后提取退休基金缴纳的所得税等支出也会增加。尽管如此，从某种程度上来说，完善的退休养老体系可基本满足其养老的消费需求。

（3）相对成熟的美国老年消费市场

退休后的居民购置耐用消费品较少，他们更加关注食物的营养与保健功效，对医疗服务和照料护理需求日益增加。由于居民退休后收入降低，使得相对于退休前，对价格较为敏感。早在20世纪60年代，为满足老年群体独特的消费需求，美国有相当一部分的经营者开始关注老年人的消费心理、消费习惯和消费特征，开发适合老年人需要的产品与服务。同时，他们还花了大量的精力用在细分以及不断开辟老年消费市场上。特别是许多企业能根据美国老年群体的生活方式喜好、品牌认知、老年人的特征及需求等，加大对老年用品的研发投入，开发出智能跟踪手机、智能跟踪鞋垫、功能性服装等新颖实用并深受老年群体欢迎的产品，超市的设施、商品的摆放、医疗保健旅游等相关咨询的提供、超市咖啡屋人性化的设置使得老年超市深受老年人欢迎，老年人也有了更多的存在感和愉悦感。相关数据显示美国55岁以上居民的开支占美国社会家庭改善开支的一半。

除了企业对老年消费市场的开放，养老产业的发展成为美国经济新的增长点，养老产业并非按照常规的三次产业分类法形成，而是按照群体的特定年龄来划分，美国居民的养老方式如"倒按揭"、居家养老、老年公寓、老年社区等集中养老让老年人老有所依、老有所靠、老有所乐。美国政府通常在刺激消费、提振居民消费信心方面采取诸如稳定股市、政府专项拨款进行转移支付、为中低产阶级减税和退税等措施，同时美国居民有着超前的消费理念，降低利率、产品促销、消费信贷在内的许多非政府性刺激方式收效较好。除了通过货币政策和财政政策来扩大美国国内消费需求以外，美国的收入政策以及美国通过调整与优化产业结构来增强供给也是发挥消费的拉动作用的重要途径。

5.4 日本居民退休前后的消费变动情况及应对措施

日本曾利用二战后经济全面复苏实现了经济的快速增长，但由于20世纪90年代的泡沫经济崩溃导致了日本经济长期处于萧条的边缘，实际经济增长率极速下滑，消费与投资情况变得惨淡，再加上货币与财政政策的失效，"少子高龄化"的社会背景，劳动力人口的减少，日本经济发展急需结构的调整与转型。由于人口的平均寿命在延长，老年人口总量的增多，对医保等服务类需求明显增加，福利支出具有较强的刚性，这些对健全社会保障制度的需求越来越迫切，而这不仅仅可通过延迟退休，提高退休年龄来解决，更需要包括养老金改革方案、年金支付方法等在内的社会保障制度的健全与完善，因为只有这样，才能维护社会的安全与稳定，降低不确定性因素，进而更好地提高居民的消费水平。总体来说，改革在带来阵痛的同时也为日本积累了许多实战经验。

5.4.1 有关人口老龄化与财政状况的现实困境

日本在20世纪50年代到70年代，由于大量劳动力从农村向城市转移并且人口的高增长带来了经济的快速起飞。老龄化从20世纪70年代开始，随后愈发加剧，主要特征为"高龄化"和"少子化"。老龄化程度全世界最高，这给日本的储蓄、消费、政府与其他投资、产业结构、国际收支平衡等带来了不小的负面影响，同时也影响着技术进步与制度创新，可以说是日本经济长期衰退的内生性问题之一。日本人口结构的问题主要体现在：总和生育率持续下降，少子老龄化现象加剧，劳动年龄人口逐渐减少，劳动力严重短缺。相关统计数据显示，预计2060年日本的总人口将会下降到9000万人以下。年龄结构方面：少年儿童人口占比为9.1%，老年人口占比达到40%，生产年龄人口占比仅有50.9%。15～64岁这一区间人口的减少直接影响劳动力供给，进而使得总产出下降，导致科技创新能力削弱，另外国民收入中用于非生产性消费如养老、医疗等比重增加，而用于生产性投资的比重下降，无疑影响其经济效益[1]。

养老压力的上升源于抚养比的变化。1960年，65岁及以上人口占比仅为5.7%，在2010年时就达到了23%，2012年达到24.1%，2013年超过25%，2015年高达26%。而且，日本的老龄化率与美国一样受"婴儿潮一代"的退休人数增加的影响，导致赡养率不断上升，这加大了日本居民的养老负担与压力。据统计，1960年，日本的赡养率为0.106，到2010年则为0.391，总和生育率也由1960年的2.0到2010年的1.39。

---

[1] 冯昭奎.日本经济[M].北京:中国社会科学出版社,2015:9.

表5-5　日本的老龄化率、赡养率和生育率（1960/1970/1980/1990/2000/2010）[①]

年份	1960	1970	1980	1990	2000	2010
老龄化率	5.7%	7.1%	9.1%	12.1%	17.4%	23.0%
赡养率	0.106	0.117	0.151	0.196	0.279	0.391
总和生育率	2.00	2.13	1.75	1.54	1.36	1.39

日本泡沫经济崩溃，经济下行压力大，政府面临较为严峻的财政负担，老龄化的加剧，使得养老与社会保障支出急速增长，养老金财政压力迫使日本进行全面的社保制度改革，以此来保证现收现付制的覆盖面以及社保制度的公平与可持续。在日本，年金保险、医疗社会保险以及护理保险构成了社保制度三大险种。在养老金方面层次结构鲜明，主要分为公共、企业与个人的养老金计划，公共养老支出原先在GDP中的比重较低，但是由于养老负担加重，社保的刚性，经济的长期低迷，使得日本的公共养老金支出与GDP之比一度上升，公共社会支出也处于不断上升的趋势。

5.4.2 学界关于日本居民退休前后的消费变动研究

学界对日本居民退休后的消费情况也有一些关注与研究。如学者Wak-abayashi，Midori试图用日本的截面数据来分析日本是否存在"退休消费之谜"，如果存在，存在的原因是什么。最终得出结论：对于退休居民所在的家庭来说，退休期间无论是预期消费还是实际消费都低于退休前家庭的实际消费量。退休后家庭消费水平的下降主要原因在于当家庭中有成员退休了，其家庭规模往往在这之后会缩减，比如随着父母年龄增大，家庭中子女也长大了，子女离开原生家庭后开始积极组建新的家庭，这会带来原生家庭消费水平的下降。

Stephens M，Unayama T在分析退休对日本家户消费的影响时，运用日本家户收入与支出调查（JFIES）数据库，这是一个关于日本居民每月家庭小组的大型调查。通过连续6个月的采访与信息收集，对消费与收入的研

---

① 根据《退休年龄政策调整：日本经验与中国借鉴》一文数据整理。

究，学者能够分析具体在哪个月份退休对居民消费变化的数据，并且能够清晰准确的看到居民在退休后每月消费相关指标的明细数据。当然，这项数据也有缺陷，对于每个家庭户来说只有5个月的消费支出、收入层面的变化，观察一个退休人员所在家庭的消费等指标的变化以及既定家庭户户主退休的概率，其样本量都较小。Stephens M，Unayama T 的研究发现，在日本，退休时居民的收入会有明显下降，但平均来看，对年龄在55～65岁的退休家庭来说，退休事件对消费的影响并不显著，而对40～54岁的失业工人来说，退休后，他们家庭的消费能力明显下降了。究其原因，主要在于日本曾是高储蓄率的国家，另外，日本居民退休后会收到很可观的奖金和退休金收入，这都可以使他们在退休后将消费保持在一个较高的水平上，至少与退休前的消费水平不相上下。比如在大型私营企业单位上班的员工、公务员等，他们在退休后获得的奖金收入明显高于小型私营企业单位的员工。就业部门之间会有收入的差异，但是退休奖金从某种程度上来说阻碍了人们退休后消费。但是，据日本内阁府2013年的国民经济计算统计显示，日本的家庭储蓄率仅为-1.3%，自1973年以来首次为负。老年人为维持原有消费水平不得不动用已有储蓄和现有收入，另外，消费税增税前刺激了很多居民个人的消费需求。

Melvin Stephens Jr、Takashi Unayama 与前几位学者的研究结果类似，同样使用1986—2005年日本家庭每月的收入和支出调查（JFIES）数据库来对此问题开展研究。研究指出，几乎没有证据表明在退休时日本家庭的消费支出水平会立刻发生改变，低收入家庭中退休后出现消费的减少也主要集中在食物类支出和与工作相关的支出方面。原因在于，在日本的退休人员中，有相当大的退休津贴可以帮助他们在退休后实现消费的平滑，这些家庭更容易获得奖金来增长短期消费。然而，不太可能得到退休奖金的家庭通常退休时消费会出现减少，即位于收入中位数以下的家庭，退休后家庭消费会减少，但也仅限于在食品和与工作相关的支出。两位学者除了使用日本的收入与支出调查数据以外，还通过每5年开展一次的日本就业状况调查数据（ESS）进行研究和分析。

5.4.3 日本居民退休后医疗支出变化举例

OECD 根据日本国民经济核算的数据得出 2000—2050 年日本家庭消费结构的改变，主要表现在家庭医疗健康、水电煤气等相关消费支出增加，而交通出行、教育支出在急剧下降[①]。从收入的角度来说，国际比较数据显示日本和美国的老年人拥有着最高的可支配收入，2013 年，日本 65 岁及以上的老年人群体所拥有的储蓄，约为全国居民群体储蓄总额的 50%。退休后日本居民优厚的退休金和年金使得他们更加关注老年医疗与健康，世界银行统计数据显示该国的人均医疗卫生支出从 2000 年前后 2600 美元到 2012 年的 4787 美元，医疗卫生支出占 GDP 的比重也在增加。

如果说年金制度是日本社会保险中最为主要的部分，那么医疗保险和看护保险就是扮演着与其相辅相成的角色。早在 1961 年日本就实现了覆盖全体国民的医疗保险，有在职职工医疗保险和国民健康保险两种。要求每位年满 20 岁的本国居民都要加入，若没有在职职工医疗保险那么就必须加入国民健康保险。同时，在 2000 年还为其 65 岁以上公民设置了高龄者特殊医疗保险，主要目的在于为他们提供长期医疗与护理康复，让护理功能更加体现社会化，促进老年人的健康长寿。Masahiro Nozaki, Kenichiro Kashiwaseand Ikuo Saito 在《日本的卫生支出：宏观财政影响与改革的选择》一文中指出，日本的卫生支出迅速上升，在 1990 年到 2011 年期间，三分之二的支出增长的原因是老龄化，其余部分是卫生支出本身的成本增加，预估老龄化本身就会给 GDP 在 2010—2030 年期间增加 3 个百分点，因为老年人相比年轻人在医疗健康和长期护理方面花费更多。当然，如果健康老龄化，老年人的健康状况随着寿命的延长而提高，他们在某一年龄段的人均支出会变低，也会减轻老龄化对日本健康支出的影响。卫生成本的增加也会对 GDP 的增加构成影响，这就需要政府大规模增加转移支付，同时可引入微观和宏观的政策来控制医疗支出。

---

① 施锦芳.人口少子老龄化与经济可持续发展[J].宏观经济研究,2015(2):119-127.

5.4.4 日本应对退休消费的解决措施

老龄化、人口负增长、日本国内经济低迷打破了以往的高储蓄率，取而代之的是消费支出的增加，日本的消费率自 1990 年以来一直保持在 50%～60% 之间，政府通过减税、国民收入倍增、老年人增多引发的消费需求等促进消费增加，但日本的低通胀、通缩，日本居民没有从银行贷款的购物习惯，这些都使得日本居民部分的杠杆率水平较低，消费提升的空间有限。

第一，积极为老年居民创造就业机会。日本内阁府公布的数据显示：2003—2013 年这十年间，老年人口就业人数一直在增长，其中 2013 年日本 60～64 岁老年人就业人数为 459 万，比 2003 年增加了 167 万人；65 岁及以上工作的人数则从 218 万上升到 375 万人[①]。日本老年人就业支持政策从某种程度上来说抵减了日本总人口减少、少子老龄化带来的不利影响，对社会保障、经济发展都有正向的促进作用。另外，从 2006 年开始，政府采取劝告企业延长退休年龄或继续雇佣员工，甚至将退休年龄制度取消的方法，希望雇主单位履行义务，为雇员提供工作到 65 岁的机会，这在日本老年劳动力在总劳动力中所占的比例越来越大，并且 65 岁及以上就业人数自 1980 年以来增加明显。从 1980 年的 279 万到 2013 年的 650 万，65 岁及以上劳动力人数占比从 1980 年 4.9% 上升到 9.9%，翻了一倍，如果将 60～64 岁劳动力人数算入老年劳动力人数中来，那么 2013 年日本老年劳动力人数为 1250 万人，总的劳动力人数为 6577 万人，占比为 19%。尽管如此，日本的劳动力市场仍然供不应求，高龄劳动者通过就业，参与劳动市场从个人、家庭层面来说，提高了家庭的总收入和生活品质，有利于消费支出；从社会经济层面来说，这些老年劳动力如身体条件允许，他们会继续为社会发挥余热，低成本劳动力其实是对劳动力短缺的有效补充，可提振日本的经济。

[①] 李梅花.日本、韩国人口老龄化与老年人就业政策研究[D].长春:吉林大学,2014.

第二，同其他发达国家相比，无论是男性还是女性的雇佣率，年长年龄段的雇佣率日本都是较高的，55～64岁男性的雇佣率基本维持在80%，女性的雇佣率在50%左右，美国、德国、法国等国的55～64岁的男性雇佣率明显比日本要低，美国的要低于日本20个点，而法国更低；在女性雇佣率方面，日本与美国几乎旗鼓相当，高于德国和法国。这对老年劳动力的维持、留用有利，当然这与日本一些企业实施的终身雇佣制，年功序列有关。日本企业比美欧企业更加重视维持雇佣员工的稳定，并且在企业中的雇佣量受经济波动影响较小。总的来说，从日本老年劳动力的总量、占比、老年就业人数以及雇佣率等方面考察，充分挖掘现有劳动力资源的优势，尽力开发老年人的人力资本，实现老有所为，老有所用，这是保障老年群体的收入，扩大消费需求的前提。

第三，日本政府在延迟退休年龄与社会保障制度的改革方面下足力气。老龄化意味着社会保障支付金额的不断增加，因此要么降低社保水平，要么增加现有劳动人员的负担，前者由于社保福利的刚性很难降低，劳动力人口又在减少的情况下，社保制度的可持续以及相应的财政制度就显得非常必要。一项关于居民退休前后所在家庭财务状况与生活水平的调查数据显示，接近50%的国民希望自己的退休年龄是65岁。之所以有意愿在老年阶段工作，排在前三的原因依次为"生活费需要（76.7%）""希望手头更宽裕（41%）"以及"通过工作保持和结识朋友（30.1%）"。大部分受访群体在接受采访时认为退休后他们收入降低，直接导致了生活水平的下降。日本实行的是男女同龄退休，退休年龄是渐进式的，日本政府在推迟养老金的支付方面也在不断修订相关制度，诸如养老金的起付时间从2013年开始男性为61岁，65岁正常退休才能实现全额给付，鼓励支持退休居民再就业等。

5.5 启示

5.5.1 三国面临的时代背景与共性问题

中、日、美三国需要共同面对老龄化带来的巨大挑战。老龄化从根本上使得三国的人口结构发生了较大的改变。日本的老年抚养比从1990年的17.13%到2015年的43.42%，相对于中国和美国来说，其老年抚养比上升速度相当快，中国老年抚养比的上升趋势自1990年以来比美国上升的更为明显。日本少子高龄化的状态使得人口抚养比不断提高，与此同时，储蓄率也相应下降。日本原先是高储蓄率的国家，这在推动日本经济发展的同时，让日本成为了世界上第一资本大国，但是高储蓄率也带来了贸易不平衡、产业空洞化以及泡沫经济的出现等负面效应。

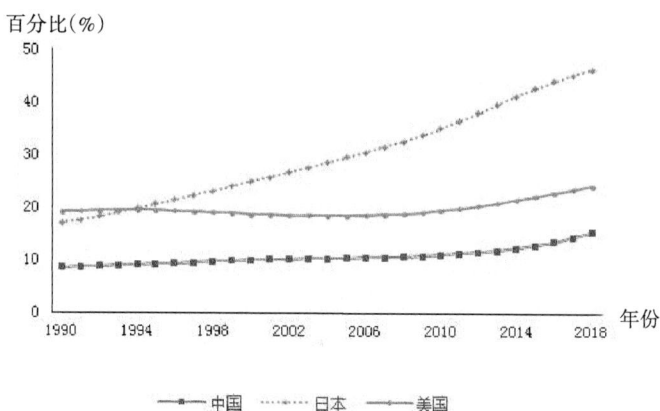

图5-1　中国、美国、日本三国的老年抚养比(1990—2017)

我国与美国、日本两国在15～64岁的人口（占总人口的百分比）的国际比较方面，日本的劳动年龄人口开始明显下降是从1995年达到峰值后开始的，日本的人口红利自此开始逐渐消失殆尽，再加上人口老龄化的日益加剧，人口总量与结构的变动成为日本经济增长放缓的一个重要原因。经济的萧条带来了日本居民的消费需求不振，通货紧缩。美国15～64岁

人口所占比例变动幅度没有日本大，中国在2011年后劳动人口占比开始
下降。

百分比(%)

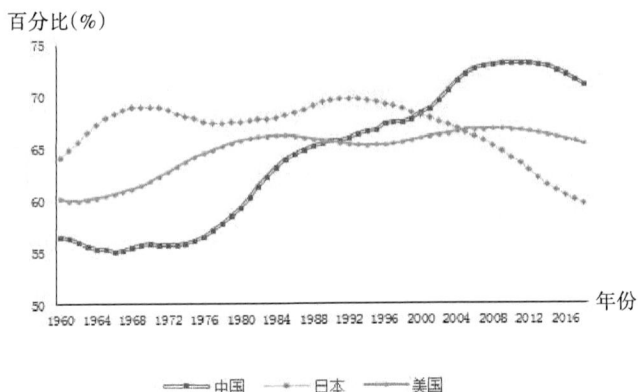

图5-2 中国、美国、日本三国15～64岁的人口（占总人口的百分比）（1960—2015）

　　我国在20世纪五六十年代出生的人曾经成为改革开放、国家建设的主
力军，正如美日两国在二战后20世纪40、60年代出生的人一样，"婴儿潮
一代"的人已达到或接近退休年龄。同时，中国和美国、日本一样也在经
历老龄化、人口年龄结构的改变。"婴儿潮一代"子女面临更大的生存压
力和严峻的现实考验，他们需要照看自己的父母，同时还需照顾下一代。
美国"婴儿潮一代"创造了经济增长的奇迹，可是他们怎么也没想到，当
他们退休后，他们要面临的艰难处境以及对下一代人造成的问题。在人口
年龄结构、劳动人口占比方面，中国、美国、日本三国都面临着较为严峻
的共性问题，也带来了诸多负面的影响。在经济发展模式方面我国与日本
有些相似，日本是在产能过剩、负债型通货紧缩的背景下出现人口老龄化
的加剧，而我国也是在面临着人口红利的消失、人口增长率下降、产能过
剩、实体经济运行过程中效益不佳、内需不足等过程中伴随着老龄化引发
的经济增长的负面效应；诚然，相比经济发达水平，我国与美国、日本等
国还有不小的差距。同时，我国与美日两国在政治体制、现有国土人力资
源、经济发展模式等方面也存在根本性的区别。

5.5.2美日两国居民退休后老年消费案例的启示与借鉴

消费会拉动经济增长，但是一国的经济增长模式同样也会影响到消费。美国是典型的消费驱动型经济增长模式，以大规模生产与消费为特点，作为"消费大国"，居民的消费成为拉动美国经济增长的主要动力；而日本是投资驱动型，但是泡沫危机导致日本经济衰退、消费低迷、产业结构调整滞后、产能过剩等问题，但是，日本政府的宏观调控特别是对老年劳动力供给、老年消费市场的重视等仍是值得我们学习的。大国经济以内需为驱动的经验给予我们的启示是我们需要更多地依靠国内市场的力量，在推进消费需求繁荣的同时，切实增强经济发展的稳定性。

延迟退休年龄作为应对老龄化的主要措施之一。我国对此方案的设计与制度的执行层面特别是在退休年限、养老保险缴费率方面，有许多要向美国学习的地方，在美国，其实没有"强制退休"一说，也没有明确具体的退休年龄标准。同时，社会安全金的发放成为美国退休人员的重要福利，能够基本保证居民退休后的生活所需。美国的社会安全金系统庞大，不仅涵盖了退休人员，还惠及退休人员的家属以及残障人士，可见，政府对退休后居民这一老年群体关爱有加。在日本，全民社会保险的实施是以家庭为投保单位，这对我国的社会保险的建设有着重要的意义，比如如何加强农村社保，如何实现男女的社保待遇平等。我们在覆盖的人群、支付的方式、社保资金融资方式、医保与养老保险的关系等方面都需要向美日两国学习，比如日本新型的看护护理保险就很好地实现了家庭护理与社会护理有机结合，极具人性化的设置符合东方特点，具有较大的借鉴意义。

美日两国老年产业的发展历程对中国在老龄产业发展方面具有较强的借鉴意义，特别是在老年市场细分、老年产品科技创新、周到服务、老年产业发展政策体系以及产学研结合、老年产业协会发挥的桥梁作用等方面的经验。人口老龄化的加速使得我国老年人的消费市场越来越大，我国的老龄产业发展可学习与借鉴这些经验从而走上快速发展的通道，如学习他们对老年产品的创新开放、高质量的服务等经验，努力让老年产业成为我国经济发展的重要内需或新的供给增长点。此外，我国的老年群体为子女消费支出的比重较大，美国的子女为其父母提供供养的主要责任已有政府来取代，他们的父母在经济上较为自立。据一项调查显示，被调查者的父母的养老费用主要有政府、老年人自己及其家庭等几方主体，承担的比例分别为51.33%、34.23%、14.14%。由于所处的制度背景、制度及经济环境的不同，消费环境、消费文化以及消费观念、心理等都会影响到消费水平、消费结构，我国居民与美国居民相比差异都较大。

显然，为了不让老龄化成为一国或地区在经济发展过程中的内生性问题，同时也能较好地规避老龄社会的风险，必须在经济发展模式、经济结构转型、经济活力增加等方面深入思考，如注重实体经济的发展，加快经济发展方式的转变，提高企业的自主性与创新能力，进一步扩大内需等，这些都是当务之急。日本不断加强政府改革、金融改革、社保改革、推进环保低碳领域的实践，在经济处于低速增长状态下进行社会紧急结构的重建，包括对劳动力的重视，注重高品质就业，进一步提高居民收入，不断提振国内消费的活力，积累了诸多积极的经验，这些都值得我们学习。

第六章　结论与对策

　　本书基于我国加速老龄化的背景，结合法定退休年龄制度，分析影响我国居民退休后消费支出水平的机理以及退休对居民家庭消费影响的机制，在定性分析的基础上，将理论与实证相结合，研究居民退休冲击对居民所在家庭的总消费水平和消费结构的影响，并选择上海作为典型案例代表，开展调查问卷与质性访谈，重点针对退休老人日常消费行为的四个典型个案研究，在此基础上，我们进一步把研究视角扩至国外，通过美国、日本两国应对居民退休后消费变动的举措的国别案例，借鉴其先进成功经验，提出符合我国国情与特色的政策建议。

6.1 结论与讨论

6.1.1 研究的主要结论

　　第一，退休后居民的主要收入来源为家庭其他成员供养、劳动收入、离退休金养老金三大部分，但老年人的主要生活来源存在着明显的性别和城市差异。居民退休后消费呈现出以下特征：一是消费动机较为理性，消费习惯日趋固化；二是对商品或商家提高的服务价格敏感度较高；三是追求实际，更加看重产品的实用功能；四是消费节俭，边际消费倾向较低，预防性储蓄较高。

　　第二，影响退休后居民所在家庭消费的因素主要有居民家庭的消费习惯和消费实力、政府相关消费和税收政策、居民享有的社会保障水平、消费者权益维护程度、经济发展程度等宏观因素以及老年消费的供给等。退休对居民消费的影响机制主要体现在直接影响和间接影响两方面。退休对消费的直接影响在于消费结构、消费动机、消费习惯、利他性消费；间接影响的间接传导机制如收入分配、经济增长、劳动生产率、产业结构、社会保障制度。

第三，从实证结果来看，退休强制制度的冲击直接导致居民消费水平较退休前下降了15.7%。在消费结构的影响方面，与工作相关的衣着、邮政通讯交通类支出下降比例分别为25.6%、12.2%，退休对家庭设备用品及服务支出下降了23.3%，居住类消费支出、医疗保健支出方面分别增加了31.8%和23.5%，对教育文娱支出的影响并不显著。同时，上海在我国作为老龄化程度较高的城市，退休对居民消费带来负性影响，居民退休后减少了原有家庭消费总支出的23.20%，在10%的置信水平上显著。消费结构层面主要体现衣着类支出下降了39.3%，家庭设备用品及服务支出下降了48.4%。

第四，在对上海已退休居民的问卷访谈的基础上，得出居民退休后高收入区间人数占比是减少的，而低收入区间人数相比退休前的比例相应增加；和退休前相比，退休后居民每月伙食费用占平均月支出总费用的比重并未发生较大变化，相比退休前，医疗类消费占平均月总支出费用的比重在30%~40%区间的人数增加了80%；消费比重在40%~50%区间人数增加了56%；退休后选择"公共交通"退休居民比例较退休前增长27%；退休后居民开始关注自身人际交往关系，提高了精神消费在总消费中的比重。另外，通过对上海市四名已退休居民的个案研究，得出消费行为反哺退休后的日常生活，精神消费是拓展个体兴趣的需要，社会交往是老年消费的动力，老年消费嵌入代际关系。

第五，美国、日本两国与中国一同面临着老龄化、婴儿潮、人口年龄结构转变对消费的冲击，美日两国在延迟退休制度、完善退休养老制度以及老年消费市场的开发与成熟的发展历程给我国以诸多启示。这说明带动退休后居民的消费不仅需要影响微观个体和家庭，还需从宏观角度的制度层面进行完善。我国在延迟退休年龄制度、养老保险覆盖的人群、支付与社保资金融资方式以及发展老年产业特别是老年市场细分、老年产品科技创新、老年产业发展政策体系、产学研结合、老年产业协会、鼓励老年劳动力再就业等方面有许多可向美国、日本学习借鉴的地方，同时，还需转变经济发展方式，进一步扩大内需。

6.1.2 讨论与研究反思

本研究主要探讨了我国在加速老龄化背景下居民退休后的消费情况与现实经济生活的状况，分析了影响居民退休后家庭消费的内在机理，验证了"退休消费之谜"的存在。但是，我国由于人口众多，个体特征差异化较大，跨区域经济发展不均衡，个人退休年龄本身也会存在较大的差异，尽管有法定退休制度。因此，在笔者看来，退休后居民消费问题的深入研究有待国内具有长时间跨度的面板调查数据的建立，特别要加强有关退休后居民本人的收入与消费情况的细化调查，尽管现实中因为敏感与保密的需要，存在较大的难度，但数据库的详细肯定会为我们分析居民退休后消费变动情况的异质性建立坚实的基础。

另外，我国的家庭结构、家庭特征、"退休双轨制"等特殊性也为退休居民的消费研究增加了难度。老龄化的加速实质上意味着退休人群无论从总量上还是人数占比都在持续增加，退休人口的增加对居民消费率的影响是怎样，现有的文献更多关注家庭户主退休对微观层面家庭消费的影响，但较少涉及对最终消费率进而对经济发展动力等造成的影响研究，这也是今后进一步努力的方向。

6.2 研究展望：消费升级视域下我国居民退休家庭的消费水平提升举措

促进形成强大国内市场，推动消费稳定增长，持续释放内需潜力是2019年中国经济的重要工作任务之一。近几年来，国家高度重视扩大国内消费工作，相继出台诸多重要文件。2018年9月，《中共中央 国务院关于完善促进消费体制机制进一步激发居民消费潜力的若干意见》，同年10月国务院办公厅印发《完善促进消费体制机制实施方案（2018—2020年）》，2019年1月，国家发展改革委等十部委共同研究制定的《进一步优化供给推动消费平稳增长促进形成强大国内市场的实施方案（2019年）》，无不强调加快破解制约消费扩大和升级的体制机制障碍，在重点领域的消费市场形成有效满足居民多样化多层次消费需求，构建更为成熟的消费细分市场，进一步激发居民消费潜力，不断满足人民日益增长的美好生活需要的重要性与紧迫性。与此同时，"消费升级"也就成了2018年以来的热门词汇。消费升级背后最重要的是中国经济实力的增强。当前，中国已成为拉动世界经济增长的第一贡献量，是全球增长速度最快的消费大市场。中国消费结构的不断优化、消费质量的提升、消费的个性化、多元化、定制化等日渐凸显，与此同时，供给侧结构性改革"三去一降一补"的宏观经济环境已逐渐远离了"市场化条件下需求不足"的瓶颈，取而代之的是在社会主要矛盾转化的条件下，消费潜力如何能进一步得到充分释放？如何更好发挥消费引领作用，加快培育发展经济的新动能？老龄社会的消费水平和消费结构如何得以改善，是亟须关注与付诸实施的核心点。

6.2.1 消费升级提出的时代背景与核心内涵

消费是经济增长的"稳定器""压舱石"。从消费社会学的角度来看，消费目的在于追求效用最大化。消费除了满足消费者最基本物质产品的功能性需求外，随着社会经济的发展和人们收入水平的提高，消费在由"纯粹物的消费"向"物品价值的消费""物品符号价值的消费"转变。消费主要内容的变化是马斯洛需求层次原理内容的集中反映，体现了功能性需求向非功能性需求的变动。消费升级的优势在于生存型需求减少、发展与享受型需求逐步增加，体现着人们生活效用水平的不断提升。消费是中国经济增长的第一驱动力，最终消费支出对国内生产总值的贡献率是重要指标，这就为消费升级奠定了坚实的基础。近三年的数据显示：最终消费支出贡献率明显高于资本形成总额贡献率，2016年高出23.4个百分点；2017

年最终消费支出贡献率为58.8%，高出资本形成总额的贡献率26.7个百分点，最终消费支出拉动国内生产总值增长4.1%，资本形成总额拉动国内生产总支增长仅为2.2%；2018年国民经济和社会发展统计公报指出：货物和服务净出口的贡献率为-8.6%，最终消费支出对国内生产总值增长的贡献率为76.2%，高出资本形成总额的贡献率43.8个百分点，之所以高出40多个百分点，本质上还是由于最终消费支出增量在国内生产总值增量中的占比较大。

与此同时，消费规模、消费总量也在持续扩大。2016、2017、2018年社会零售消费品总额分别为33.2万亿元、36.6万亿元、38.1万亿元，预计2020年增加到48万亿元。2018年，实物商品网上零售额70198亿元，比上年增长25.4%，占社会消费品零售总额的比重为18.4%，比上年提高3.4个百分点。2018年，全年全国居民人均可支配收入28228元，扣除价格因素，比上年实际增长6.5%。全年全国居民人均消费支出19853元，扣除价格因素，实际增长6.2%。消费对国民经济增长贡献率为76.2%，但是消费率只有53.6%，与发达国家70%的水平还有较大的差距。近五年来，在居民人均消费支出的八大类划分构成中，消费结构的变化显得微乎其微。这就意味着，从供需两端发力，优化消费结构优化、提高消费率以及进一步释放消费的空间仍较大。

消费升级的要义是什么？消费升级是消费水平提高、消费结构的优化速度加快使得消费层次即主导性商品、符号性服务性消费等获得整体提升以及在此过程中居民消费习惯、消费观念与消费行为发生的积极变化，是经济结构化改革的重要组成部分，其本质是消费规模、消费品质、消费理念的同时提升。消费升级体现在人们的"吃穿住用行"等社会生活的各个层面，诚然，消费升级效应的凸显是一个长期系统的工程，消费供给、消费体制与政策环境与之相应配套跟上，才能更好推动消费提质升级。消费者是消费效用提升的最终受益方，由于消费结构与产业结构的粘合度较强，消费结构的升级势必会推动"供给侧改革背景"下我国产业结构的优化、经济增长方式的转变，提振中国经济。

6.2.2 老年群体消费升级的主要领域与突出表现

对于老年群体来说，消费升级势在必行。过去大众对退休后居民或老年人的消费情况，存在一定的理解层面误区，如认为老年人消费观念较为陈旧保守，难以改变，跟不上时代节奏、老年人消费习惯节俭边际消费倾向低，更多偏爱养老保健医疗层面，消费品质低，老龄用品种类少且同质化程度高等，长期以来，老年群体的消费处于被压抑甚至处在被冷落的边缘，市场尚未能满足老年群体多样化个性化多层次的消费需求，老年市场虽潜力巨大，但资源调动能力有限，很难激发社会力量参与养老产品与养老服务提供的积极性，使得老年消费群体对产品与服务的消费很难获得较高的获得感与幸福感。但是，随着人口老龄化程度不断提高，人口年龄结构产生转变，截至2018年底，我国60周岁及以上人口为24949万人，占总人口的比重为17.9%，其中，65周岁及以上人口16658万人，占比为11.9%[①]。老年群体这一特殊群体的消费需求、消费升级再次引起社会的关注，以需求为导向，发展养老产业，成为应对老龄化、扩大国内消费市场、提升老年群体生活质量和晚年幸福感的重要举措。需求侧和供给侧两端都需发力，但最最重要的还是供给侧。

老年群体的消费升级突出表现在以下几个方面：

第一，老年群体的消费升级在个人消费品质、消费水平有所提升的基础上，突出表现在老年服务消费领域的"新业态""新模式"，如老年群体的文化娱乐消费活力逐步凸显、医疗保健消费作为老年群体的刚性消费，在向多样化高层次转变。在基础医疗设施和配套养老机构逐步建立和完善的基础上，老年消费的升级重点要着力在养老观念与医养结合养老模式的转变上[②]。政府扶持有度，多元主体参与，医养结合新型养老新模式就是要突破原有传统意义上的医院办养老院、医疗嵌入型医养结合、合约型医

___
① 数据来源：国家统计局：2018年国民经济和社会发展统计公报（2019年02月28日发布）。
② 商务部国际贸易经济合作研究院.消费发展升级之路：40年改革开放大潮下的中国消费[M].北京：中国商务出版社，2018：218-219.

养结合等模式。

第二，"智能养老""互联网+养老"将会成为当前及未来相当长一段时间内老年消费的热门领域。智能化的消费产品和智能化的消费方式不仅为消费者的生活带来了诸多便利，更为老年居民的消费升级提供了新的产品与服务，理应抓住养老产业中的发展重点，合理明确战略定位，搭建平台，在数量与质量方面努力提升以满足老年群体的需求。"智能养老"发展的关键依托在于先进技术，其相关服务领域主要聚焦在养老照护、医疗护理、精神关爱、紧急求助等，智能养老产业的发展一方面可有效缓解"421"家庭结构模式的养老困局，另一方面也可从根本上破解传统养老产业发展滞后的弊端，提高养老服务的精准化程度和老年生活质量，势必是当前以及未来相当长一段时间养老产业发展的重点。与"智慧养老"相似的"互联网+养老"，技术层面的要求显然相对低，但便捷性的提升以及市场资源的有效整合是一大亮点，实现了养老服务模式的根本转变。在中国，居家养老符合国人的传统观念，努力探索出"互联网+养老"的养老服务新模式，使得居民养老不仅局限在养老院等养老场所，选择的多样性使得居民在家可以通过互联网的方式依然享受较为快捷的医疗服务。

第三，尽管智能化数字化是未来消费的趋势与主体，但仍不能忽略现有养老产品与服务供给情况下的消费升级。如退休后的居民可能不仅仅满足于"广场舞"、街道社区现有的硬件健身器材等，他们也希望能和年轻人一样有适合自己运动强度和姿势的器械，也能去"健身房"等健身层面消费升级的地方。再比如老年餐饮的营养与质量提升，同样也是老年人所渴求的，菜品的味道、用餐环境与服务也应同步跟得上。老年产业的发展在某种程度上是需要将老年产品与老年服务的供给提供的更紧密一些，这样才能在市场上更有话语权，蛋糕才能越做越大。老年体检如何做到进一步的专业化精细化，老年精神文化类消费如何进一步填补等都是现在消费供给层面需要花心思、动脑筋的领域。老年产业应涉足健康医疗、饮食、旅游、养老服务等各个领域，产生老年消费的新动能，为老年消费增添新的活力。

6.2.3 促进老年群体消费升级的关键举措

老年群体消费升级，本质是有效应对人口老龄化加速和经济转型背景下退休冲击给居民所在家庭消费水平带来的负性影响以及家庭消费结构变化的一种积极方法与举措。当前，促进老年群体消费的扩大和升级要突破原有体制与机制的束缚，进一步扩大与增强消费领域改革开放的政策供给。

（1）有效转变家庭居民消费观念，完善养老医疗等社会保障体系

我国居民的消费观念相对保守，重物质和财富积累，特别是目前已退休的这部分老年群体，绝大部分都缺少更高层次更高品质的消费观念，他们消费观念的改变需要家庭的共同努力，当然，更依赖于生产力水平以及人民生活水平的提高，也依赖于居民养老金收入的增加，来自供给层面经营者的创新和经营模式的改变。

党的十八大报告提出要"确保到2020年实现全面建成小康社会宏伟目标"，十九大报告指出："我国已进入老龄社会，让老年人老有所养、生活幸福、健康长寿是我们的共同愿望。"居民家庭消费观念保守还有一个重要的原因就在于养老医疗等社会保障制度尚不够完善，这种不确定性导致居民的预防性储蓄动机较强，从其对立层面上来说就是弱化了消费动机；从宏观层面来看，虽然储蓄增加有利于投资，但是过度依赖投资和出口使得我国经济发展不平衡、经济增长乏力的现象屡屡出现，通过扩大需求，加大对养老医疗等社保制度的投入力度必将会降低居民家庭的这种不确定性，从而可以提高消费水平，拉动经济增长。因此，要按照国务院关于印发"十三五"国家老龄事业发展和养老体系建设规划的通知要求，进一步健全完善养老、医疗等社会保障体系，全面建成多层次社会保障体系。

（2）优化供给，改进老年消费支出构成

老年居民在养老、健康、医疗、食品、服装、旅游、娱乐、养老等各方面产生了多层次多样性的需求，但相应的市场消费供给不足，尤其是高质量、差异化的消费供给不足，难以有效满足老年居民的消费需求。老年居民的消费需求逐渐向高质量、个性化、多元化的方向发展中会降低恩格

尔系数，增加医疗保健和社会服务，这就要求在供给侧层面多下功夫，优化供给结构。

（3）完善养老服务，科学开拓老年消费市场或发展老年产业

长期以来，学界、实业界一直在探讨与反思：是什么阻碍或影响了老年消费市场的长期繁荣？老年产业的发展速度缓慢，依然是任重而道远。供需的错位、制度的障碍、有消费意愿但消费购买力尚未能实际转化的"肠梗堵"现象等严重影响了国内老年消费产业的优化升级，就更不用说消费新业态新模式的出现深入推进带动消费产业的发展程度了。因此，这里关注的焦点主要有以下几方面：第一，挖掘老年群体主要需求，并结合发达国家经验，培育我国老年群体新的需求。第二，鼓励兴办养老实体产业，涉及为老年群体服务的医疗与生活服务行业、食品与日用品行业、房地产行业、旅游娱乐行业、教育行业。第三，为适应老龄化发展要求，在现有实体经济基础上进行二次开发。与此同时，需要对相关产品和服务制定严格标准加以监督，避免伪造、假冒和低劣商品，以完善养老产业的服务质量，特别是对于医疗保健产品等领域，不仅要加强在医疗保健等老年产业方面的投资建设，前期还要监管到位。当然，政府也应在投融资、财政补贴、税收优惠等方面给予养老产业一定的政策扶持。

（4）贯彻执行"健康老龄化"，改变退休消费负效应

据CFPS项目通过在150个县级单位、450个村级单位的大约17708名45岁以上的中老年人进行问卷调查，得知近1/4的老年人生活贫困，40%的受访者是有明显抑郁症状，50%的人患有高血压，显然"健康老龄化"在我国实现的程度很低，退休后居民消费下降的负效应目前看来是真实存在的，那么我们只有直面问题的存在，提倡并执行"健康老龄化"，尽量满足退休居民物质和精神各方面的需求，改善和提高他们的生活质量，才能增加居民及家庭的生活幸福感，将退休冲击合理内化为正常的社会角色转换，进而使得在整个过程中退休冲击对居民消费乃至社会经济发展的抑制效应减到最小。

主要参考文献

[1]胡寄窗.1870年以来的西方经济学说[M].北京:经济科学出版社,
1988.

[2]阿尔弗雷德·马歇尔.经济学原理[M].北京:人民日报出版社,2009.

[3]凯恩斯.就业、利息和货币通论[M].北京:商务印书馆,1999.

[4]杨启先,石小敏.中国经济体制改革基本理论[M].北京:中国人民大
学出版社,2008.

[5]田晖.消费经济学[M].上海:同济大学出版社,2013.

[6]戴丽娜.中国消费者研究:理论演进与方法变迁[M].上海:上海人民
出版社,2012.

[7]葛杨,李晓荣.西方经济学说史[M].南京:南京大学出版社,2003.

[8]尹世杰.社会主义消费经济学[M].上海:上海人民出版社,1983.

[9]刘方棫.消费经济学概论[M].贵阳:贵州人民出版社,1984.

[10]杨圣明.中国消费模式[M].北京:中国社会科学出版社,1990.

[11]藏旭恒.中国消费函数分析[M].上海:上海人民出版社,1994.

[12]藏旭恒等.新经济增长路径:消费需求扩张理论与政策研究[M].北
京:商务印书馆,2010.

[13]袁志刚.中国居民消费前言问题研究[M].上海:复旦大学出版社,
2011.

[14]范剑平.居民消费与中国经济发展[M].北京:中国计划出版社,
2000.

[15]范剑平.中国城乡居民消费结构的变化趋势[M].北京:人民出版

社,2001.

[16]刘社建.消费需求与经济发展[M].郑州:河南人民出版社,2008.

[17]刘社建.居民消费研究[M].上海:上海社会科学院出版社,2015.

[18]赵萍.消费经济学理论溯源[M].北京:社会科学文献出版社,2011.

[19]张恺悌,郭平.中国人口老龄化与老年人状况蓝皮书[M].北京:中国社会出版社,2010.

[20]孙凤.消费者行为数量研究:以中国城镇居民为例[M].上海:上海人民出版社,2002.

[21]耿德伟.中国老龄人口的收入、消费及储蓄研究[D].北京:中国社会科学院研究生院,2012.

[22]宋泽.退休消费困境研究:中国城市居民经验数据[D].长沙:湖南师范大学,2011.

[23]余君军.老龄化背景下延迟退休对我国经济增长的影响[D].北京:北京交通大学,2014.

[24]陈超.不同代理人假设下的最优消费-投资与退休问题研究[D].芜湖:安徽工程大学,2011.

[25]赵国庆.基于前景理论的消费-储蓄与退休行为研究[D].天津:天津大学,2008.

[26]叶挺.基于退休框架下最优消费和投资决策的研究[D].北京:清华大学,2009.

[27]苏凯.考虑提前退休的最优消费和投资模型研究[D].芜湖:安徽工程大学,2012.

[28]王晓蕊.昆明市退休人群休闲消费行为研究[D].昆明:云南师范大学,2011.

[29]康传坤.人口老龄化背景下养老保险与退休年龄关系的研究[D].成都:西南财经大学,2014.

[30]朱永王.最优消费-投资和退休选择模型研究[D].芜湖:安徽工程大学,2012.

[31]李魁.人口年龄结构变动与经济增长:兼论中国的人口红利[D].武汉:武汉大学,2010.

[32]柳清瑞.人口红利转变:老龄化与提高退休年龄[J].人口与发展,2011(17):39-47,63.

[33]车翼.养老金退休和模型:对美国退休经验模型的综述[J].中国人口科学,2007(1):86-94.

[34]张克中.老龄化退休与消费:中国存在"退休消费之谜"吗[J].人口与经济,2013(5):10-18.

[35]李兵,肖才伟,陈谊.老龄经济学分析:退休、消费、储蓄和宏观经济反应[J].上海经济研究,2003(8):37-45.

[36]邹红.退休与城镇家庭消费——基于断点回归设计的经验证据[J].经济研究,2015(1):124-139.

[37]杨赞,赵丽清,陈杰.中国城镇老年家庭的消费行为特征研究[J].统计研究,2013(12):83-88.

[38]张彬斌.中国家庭存在退休者消费之谜吗——基于CHARLS数据的实证检验[J].劳动经济研究,2014(12):103-120.

[39]蔡昉.人口转变、人口红利与经济增长可持续性——兼论充分就业如何促进经济增长[J].人口研究,2004(2):2-9.

[40]蔡昉,王美艳."未富先老"与劳动力短缺[J].开放导报,2006(1):31-39.

[41]李建民.老年人消费需求影响因素分析及我国老年人消费需求增长预测[J].人口与经济,2001(5):10-16.

[42]袁志刚.中国养老保险体系选择的经济学分析[J].经济研究,2001(5):13-19.

[43]左学金.面临人口老龄化的中国养老保障:挑战与政策选择[J].中国人口科学,2001(3):1-8.

[44]黄娅娜,王天宇.退休会影响消费吗-来自中国转型期的证据[J].世界经济文汇,2016(1):87-107.

［45］邓婷鹤,何秀荣,白军飞."退休-消费"之谜--基于家庭生产对消费下降的解释[J].南方经济,2016(5):1-16.

［46］陶东杰,何凌云."退休-消费之谜"研究述评[J].湖北经济学院学报,2016(9):108-113.

［47］刘子兰,宋泽.中国城市居民退休消费困境研究[J].中国人口科学,2013(3):94-103.

［48］李宏彬,施新政,吴斌珍.中国居民退休前后的消费行为研究[J].经济学(季刊),2014(10):117-134.

［59］袁志刚,宋铮.人口年龄结构、养老保险制度与最优储蓄率[J].经济研究,2004(11):24-33.

［60］宋宝庆,林筱文.人口年龄结构变动对城镇居民消费行为的影响[J].人口与经济,2010(4):11-17.

［61］李文星,徐长生.中国人口年龄结构与居民消费:1989-2004[J].经济研究,2008(7):118-129.

［62］包玉香.人口老龄化的区域经济效应分析[J].人口与经济,2012(1):1-7.

［63］史玉伟.消费函数理论主要假说述评[J].经济经纬,2005(3):17-19.

［64］秦朵.居民消费与收入关系的总量研究[J].经济研究,1990(7):46-49.

［65］贺菊煌.根据生命周期假说建立消费函数[J].数量经济技术经济研究,1995(8):3-20.

［66］余永定,李军.中国居民消费函数的理论与验证[J].中国社会科学,2000(1):123-133.

［67］王宇鹏.人口老龄化对中国城镇居民消费行为的影响研究[J].中国人口科学,2011(1):64-73.

［68］张冲,王学义,孙炜红.农村人口老龄化对居民医疗保健消费的影响——基于中国2002—2012年的省级面板数据[J].财经论丛,2005(1):32-

38.

[69]毛中根,孙武福,洪涛.中国人口年龄结构与居民消费关系的比较分析[J].人口研究,2013(3):82-92.

[70]杨赞,赵丽清,陈杰.中国城镇老年家庭的消费行为特征研究[J].统计研究,2013(12):83-88.

[71]王金营,付秀彬.考虑人口年龄结构变动的中国消费函数计量分析——兼论中国人口老龄化对消费的影响[J].人口研究,2006(1):29-35.

[72]李建民.老年人消费需求影响因素分析及我国老年人消费需求增长预测[J].人口与经济,2001(5):10-16.

[73]倪红福,李善同,何建武.人口结构变化对消费结构及储蓄率的影响分析[J].人口与发展,2014(5):25-34.

[74]张文范.顺应人口老龄趋势,推进老龄产业发展[J].市场与人口分析,1997(4):4-5.

[75]李建民.老年经济学与老龄化经济学[J].市场与人口分析,2001(5):1-7.

[76]张纯元.老龄产业有着良好的发展前景[J].市场与人口分析,1997(4):14-16.

[77]萧振禹,陶立群.可持续发展的老年市场及老年产业[J].市场与人口分析,1997(3):18-21.

附录一:退休居民的消费表象与特征的调研问卷

您好！我们是关于退休后居民消费情况调研组的调查员，本次调研的目的旨在了解居民退休后个人现实的生活需求与消费情况。非常感谢您能抽出宝贵的时间来接受我们的调查。您的回答将只作为统计数据在研究分析中使用，我们承诺保护您的隐私并不会给您带来任何不便。谢谢您的配合！

年龄_____   性别_____

一、调查对象的基本信息

1.您退休前工作地位于（　　）

A.内环以内　　　B.内环与外环之间　　　C.外环以外

2.您的文化程度为（　　）

A.本科以上学历　B.本科　　　　　　　C.大专

D.高中　　　　　E.初中　　　　　　　F.小学及以下

3.您目前的婚姻状况（　　）

A.已婚　　　　　B.未婚　　　　　　　C.丧偶

D.离异　　　　　E.其他_____

4、您平日是否和儿女一起居住（　　）

A.是　　　　　　B.否

5.您目前的身体健康状况如何（　　）

A.不好　　　　　B.一般，偶犯小病　　C.较健康　　D.很健康

二、退休前基本消费情况

6.退休前，您的平均月收入区间为（ ）

A.3000元以下　　　B.3000～5000元

C.5000～7000元　　D.7000～9000元　　E.9000元以上

7.退休前，您出行常用交通工具为（ ）

A.私家车　　　　　B.出租车　　　　　C.公共交通

D.自行车　　　　　E.步行　　　　　　F.其他____

8.退休前您每月伙食费用在总消费支出中的占比约为（ ）

A.30%以下　　　B.30%～40%　　　C.40%～50%

D.50%～60%　　E.60%～70%　　　F.70%～80%　　　G.80%以上

9.退休前您每月日常用品消费占比约为（ ）

A.5%以下　　　B.5%～15%　　　C.15%～25%

D.25%～35%　　E.35%～45%　　　F.45%～65%　　　G.65%以上

10.退休前您每月医疗类消费占比约为（ ）

A.15%以下　　　B.15%～30%　　　C.30%～40%

D.40%～50%　　E.50%～60%　　　F.60%～70%　　　G.70%以上

11.退休前您每月社交类消费占比约为（ ）

A.5%以下　　　B.5%～15%　　　C.15%～25%

D.25%～35%　　E.35%～45%　　　F.45%～65%　　　G.65%以上

12.退休前您每月精神类消费占比约为（ ）

A.5%以下　　　B.5%～15%　　　C.15%～25%

D.25%～35%　　E.35%～45%　　　F.45%～65%　　　G.65%以上

三、退休后基本消费情况

13.退休后您每月伙食费用在所有消费支出中占比约为（ ）

A.30%以下　　　B.30%～40%　　　C.40%～50%

D.50%～60%　　E.60%～70%　　　F.70%～80%　　　G.80%以上

14.退休后您每月日常用品消费占比用约为（　　）

A.5%以下　　　　B.5%～15%　　　　C.15%～25%

D.25%～35%　　　E.35%～45%　　　F.45%～65%　　　G.65%以上

15.退休后您每月医疗类消费占比约为（　　）

A.15%以下　　　B.15%～30%　　　C.30%～40%

D.40%～50%　　　E.50%～60%　　　F.60%～70%　　　G.70%以上

16.退休后您每月社交类消费占比约为（　　）

A.5%以下　　　　B.5%～15%　　　　C.15%～25%

D.25%～35%　　　E.35%～45%　　　F.45%～65%　　　G.65%以上

17.退休后您每月精神类消费占比约为（　　）

A.5%以下　　　　B.5%～15%　　　　C.15%～25%

D.25%～35%　　　E.35%～45%　　　F.45%～65%　　　G.65%以上

18.退休后您外出常用的交通工具为（　　）

A.私家车　　　　B.出租车　　　　C.公共交通

D.自行车　　　　E.步行　　　　　F.其他____

19.退休后您的日常收入来源主要为（　　）

A.国家补助　　　B.儿女支付　　　C.工资

D.退休金　　　　E.其他____

20.目前，您养老储蓄的主要用途为（　　）

A.投资理财　　　B.贴补子女　　　C.自己日常消费

D.休闲旅游　　　F.其他____

再次感谢您的配合与支持，谢谢！

附录二:上海退休居民的消费表象与特征的访谈提纲

访谈目的:探究现代老龄化群体消费表象的趋势与特征

访谈对象:退休5年左右的退休老人

访谈方式:面对面访谈

访谈时间:2016年7—8月

访谈地点:退休居民家中、公园等

开场白:您好,很高兴与您见面。通过访谈,我们想要了解您这一代人消费外在现象的趋势与特征,我向您承诺,今天访谈涉及的内容和您阐述的观点,只作为我们学术研究的参考,您声明较为敏感不宜公开、公布的资料和观点,我们将严格按照要求为您保密。

一、访谈方向与目的

序号	访谈方向	访谈目的
1	居民自身的消费实力与消费背景	判断居民对自身财务状况的自信程度;判断居民潜在的消费实力、方向与消费层次
2	居民退休前后消费大项占比的变动	了解居民退休后消费关注点的转移情况;判断居民潜在的消费刚需;侧面了解居民相应的消费理念

续　表

序号	访谈方向	访谈目的
3	居民消费的习惯与消费方式	探究居民偏爱的消费方式；比较不同消费习惯背后所蕴含的消费理念
4	居民的消费维权意识	判断突遇消费侵权事项时，居民的应对措施；探索居民在消费过程中的自我保护意识；比较消费侵权事件前后居民再次消费的欲望变化
5	居民的消费理念	判断居民对现社会上消费趋势的认可程度；判断居民的消费 出发点与立足点；探索适合老龄人士的消费市场及消费途径
6	居民具体家用大件商品的购买办法	判断居民消费理念及方式的成熟度；判断居民的潜在消费行为倾向；判断居民消费方式对居民生活家居的实际影响

二、访谈备选问题

序号	问题	目的及注意事项	针对
1	看您那么热情地接受我们的访问，难道您不担心我们是"骗子"吗？	注意：主要应用于访谈起始切入唐突且戒心较高的访谈对象中(但不宜多用)以主动提出居民的担心的方式降低居民的警惕心理，同时侧面观察居民的表情言语的变化，探知居民的消费防范意识	3、4
2	现在物价越来越贵，生活越来越不易，您是否也有这样的感受？	观察居民的反应自信？忧虑？	1、5
3	对于花钱上老年大学学习班，学习一两种手艺(如：跳舞、栽花)这事儿，您觉得怎么样？	判断居民的消费理念及消费方式	1、3、5

序号	问题	目的及注意事项	针对
4	在日常生活中,难免有一些针对老年人的消费欺诈事件,不知道您有没有了解或遇到过?您当时是怎么做的?	观察居民的表情及语调的变化,注意居民的指责言辞多集中于侵权事件或者侵权人,以此判断居民受欺诈的关键要素;了解事件后居民是否有相应、合理可行的维权举措(和备选问题一相对应)	2、3、4、6

三、访谈者必须注意事项

（1）在与受访者进行交谈前，首先要明确自己身份及访谈目的，以降低居民的戒心。并做足准备工作，了解学者对此问题的理解及进一步探索的方向，广泛收集文献。

（2）访谈过程中宜用自然的口语化表述并以"拉家常"为主要的访谈方式，必要时予以举例解释，切忌生硬晦涩的书面用语询问，要建立信任，悉心求证。

（3）或遇口音难辨、讲述重复的现象，但面对受访居民要尽可能耐心。必要时以倾听为主，在时间允许的情况下，尽量不要打断居民的陈述。

（4）访问过程中要注意话题转移和表述者的情绪反应，创设轻松愉快的交谈氛围，深入挖掘受访者的内心世界，将心比心。

（5）保持高度的敏感，特别是在触及受访居民不舒服、伤心、尴尬、生气的情节时，先转移话题让受访者内在轻松后再回到原话题中。

（6）访问结束的陈述：指出约定时间已到或访问的目的已经达到。

（7）询问受访者是否还有补充，可将总结的要点向受访者进行核实。

（8）表达对受访者所提供信息的启发性价值的肯定，感谢受访者接受采访。

附录三：退休居民日常生活中的消费心理呈现

——一名退休教师的生活故事

受访者姓董，女性，今年刚刚退休，退休前是一位中学老师。笔者在访谈中一直称呼她为"董老师"，所以，在下文中我都这样称呼她。董老师的丈夫是名工程师，也退休了。两人有一个女儿，已经工作了。董老师比她丈夫年纪小，是土生土长的上海人。任教30多年，她自认为性格中还是很喜欢教师这个职业的。也许是因为职业特性，她退休后的生活还是以学习为主，多学习一些自己以前没有机会去尝试的东西。

（一）退休前的工作和生活再回忆

"您以前的生活中，读书学习是不是占用了您很多时间？"

"确实是的，我是老师，每天回去备课是经常要做的事情。其实，我这个人很喜欢学习"。

1.在下乡插队与读书之间，我选择了读书。

"我当年读书的时候，属于76届的。那个时候可以下乡插队，也可以去读书，我选择了去读书。"

"您当年也算是很幸运的一批人啦。"

"我是1983年考上的大学。"

2.工作的属性决定家庭中的生活。

"因为教师的职业属性，在家里教育孩子是很擅长的。我丈夫那个时候，是他事业的爬坡期，工作很忙碌。教育孩子的重担就落在我的头上。我对小囡倾注了很多心血，还好，总算长大了。目前她在一家外企做设计，工作还算体面。"

"退休前家庭的消费内容主要是什么。"

"退休前，我们都有工作，平时家里开销都是我来把握。退休前家里的消费内容除了日常生活开支外，主要内容还是围绕小囡的成长教育的投入，比如买钢琴，上辅导班，买学习材料、衣服，带她旅游等，还有就是我丈夫因工作原因在人际交往方面的开支。因为我是老师，生活比较单纯，一般也不需要在人际交往方面投入很多。"

（二）退休后的适应与调整

1.退休在家的生活感觉到无事可做。

"您现在是几个人一起生活？"

"我们夫妻俩和孩子一同生活。"

"刚开始我先生退休，他总是在家里待不住。现在我退休了，那些与自己工作生活了几十年的同事、朋友，那些每天去学校备课上讲台的日子仿佛一下子都退到了身后，成为过去。当我刚退休那会，忽然就觉得时间很多，甚至觉得整天还挺无聊的。女儿大了，也有了男朋友，不太需要我操心了。我忽然觉得很失落，突然觉得每天面对的不是自己的学生，也不知道怎么打发退休生活。这就是人们常说的'失落感'吧。"

2.参与老年大学的学习让我感觉到生活又充实起来。

"我居住在静安区，离这老年大学还是有一段距离的。我之前对电脑懂一点。但其他方面，我就不太会了。我喜欢摄影，退休后，为了学习PHO-TOSHOP等电脑软件，我向很多人去打听，最终才了解到这里的老师教得很好，我也就慕名而来了。我出来学习，可以说是风雨无阻。不管天气如何，哪怕冬天下雪，我都会坚持准时赶到学校。尽管这所学校的校舍环境与教学设施等方面都比较一般，属于条件不是很好的那种（当然，我并不是对学校的这些方面刻意关注）。但是老师上课的教态与教学内容的设计、对学员的关心都是很到位的。"

"您家距离学校不是很近，您怎么过去呢？"

"我一般都是坐公交的。我们家也有一辆车,但都给孩子开着上班去了。我和先生都喜欢坐公交。大约半小时左右到吧。"

"学习这些技能让我感到内心很充实,平时做饭也都觉得很有意义。我学的知识,算是有一定技术含量的。目前我已经学会了两个摄影软件的知识和操作技巧。我很感兴趣,而且还都是能在日常生活中派上用场的。"

(三)退休后的消费领域和心理:生活的呼唤

1.为了能和朋友一起聚会,学会了唱歌

"我先学习了唱歌,但是我学得并不深入。我想,我不是学声乐的,也不需要学得那么专业。所以,我只学唱了一个学期。让我能做到张开嘴巴,到唱歌房时,我能跟着音乐唱出来就够了,这就是我学唱歌的目标吧。"

2.为了能在旅游的时候拍些高质量且富有意义的东西,学会了怎样做视频

"现在我们都有微信,有时候看着朋友出去玩,把照片做成小视频发给大家看,我就觉得挺好的,很方便发给家人和朋友看,我就想着怎样去用电脑软件去做视频。有的视频做得非常好看,真的很精致的。所以,我就去报了一个辅导班,交费后自己跟着后面学。现在基本能把照片组成一个小视频了。(笑)"

3.为了散步,也学会了养狗

"如果说旅游是您的一个爱好,但不能天天去旅游,除此之外,您还有别的爱好吗?"

"最近学会了遛狗。哈哈。"

"我这条狗,是我在老年大学认识的一个同学推荐去一个宠物店买的。我一眼就看中了这条拉不拉多。家人都喜欢逗它。"

"这狗买的时候贵吗?"

"花了2000块钱买的。这不算贵的。贵的要上万块。"

"这也是一种很好的锻炼身体的方式啊。是您一个人出去跑步,还是和

老公、孩子一起出去锻炼?"

"是我一个人,女儿上班都很忙。我先生现在在外面做个兼职(给别人上课)。每天我把晚饭做好等他们回来一起吃。"

(四)技能学习:让退休生活不再"无聊"

1.社会支持下的退休学习:得到了家人的支持和期望

(1)用在学习上的开销,家人觉得有意义

"除了想学电脑,家人对您参与老年学习活动是什么态度?"

"家人其实挺支持的。因为我今年刚退休,要有个适应期。现在女儿也不需要我照顾,丈夫在外面还有个兼职,我没什么事情。我父母不和我住,身体现在都挺好。我也不用每天都去看他们。所以,他们希望我找点事情充实起来。一个人经常待在家里对精神不好。"

"看来,他们还是希望您找点事情做。"

"我认为退休的人应该尽量不要让自己闲着,否则对自己、对家人也是一个负担。"

(2)学了点唱歌,家里变成了"KTV"

"我在唱歌上面交了不少学费呢。在老年大学学习,培训费不多,但是学的时间有限。我就专门从外面请了老师开小灶。为了有实战效果,我还经常拉上朋友去KTV去练歌,哎呀,前前后后也花了一点钱。但是总算还可以唱一些歌。""家里也有麦克风,周末时候,我们也会在家里唱上几曲。他们都夸我有进步,至少不是像以前那样不敢唱歌了。比如,东方之珠、雪绒花之类的老歌,我都会唱了。"

(3)唱歌让我变得更加心情舒畅,对家人也宽容起来

"我教了很多年书,有一点教师职业特征。平时在家里喜欢教育人,总是拿着老师的架子,对待他们。特别是在对孩子的教育上,我以前比较强势。我先生也知道我的脾气,退休前我工作忙,有时候情绪不好的时候,会要求多点。现在退休了,大部分时间都和老朋友一起忙着学这个学那个,心情舒畅,对待家人也宽容了。"

"女儿交朋友的事情,您是什么看法?"

"小囡大了,总要找对象。她自己找的男朋友,她自己喜欢就行。我上次见过,男孩还可以,也是上海人,家庭情况也不错。目前在一家国企做技术,也算稳定,主要看他们自己相处。"

2.参与学习,也扩展了朋友圈

(1)交往圈的扩大,改善了自己的性情

"社区老年大学真的挺好的。我学习的东西,不是一味追求喜好。如果技术条件要求高,我也不会去学,像我们这个年纪,不能做自己不擅长的事情。"

"那来社区老年大学学习的人,都是什么样的呢?"

"我感觉都是有知识、有文化的老年人,都是想充实生活来的","和我一起上课的同学,有个还是我高中时候的老师。有的是单位技术人员,有的是政府公务员等,都是很有礼貌的,和他们相处,也能聊得来。"

"与他们相处,对您的生活有什么影响吗?"

"有的,他们的言行举止,对我的性情影响有的。我之前做事比较急躁,现在和他们相处久了,也认识了几个老年朋友,经常在一起开展活动。你的脾性慢慢变得温和了,对家人也宽容了。"

(2)交往圈的扩大,提升了认知结构

"认识了一些朋友后除了对您性情有改善外,还有什么提高?"

"丰富了自己的知识和信息。"

"首先在购物方面。我女儿会给我买点营养品和保健品。现在市场上这类产品很多,但许多都是噱头。我之前对这方面很不太懂。自从认识了一些朋友后,他们向我介绍了购买保健品方面的知识,在一起都聊聊,有的也是结合自己的经历等。比如我之前腿有点痛,大概受了寒。我女儿想给我买一个足浴桶。我把这个事情和几个朋友聊聊,他们都给我建议哪些产品比较好、质量过硬等。后来,按照他们给的建议,我让女儿在网上买了一个,质量不错、功能也全,用到现在还好好的。"

"您也喜欢网购?"

"现在都是网购嘛！我开始也没有这个习惯。后来，老年班一个同学，他比较在行，经常给我们推荐网站和店家。久而久之，我们几个老年朋友开始尝试，什么淘宝、天猫、京东，我们有时候买东西会一起团购，会相互介绍哪些网站会有打折、东西便宜，等等。"

"网上购物，您都买些什么？"

"生活用品居多。以前去超市多，后来和朋友们聊，发现有些物品在网上买比超市便宜，所以现在经常在网上买，很方便。一些小家电，我也会在网上买，比如上次我让女儿在网上买一个足浴桶。除了生活用品外，购买的物品主要根据自己的兴趣爱好了，比如我对数码产品比较喜欢，最近上网买一个相机。"

（五）另一番世界：退休后的生活更注重精神塑造

1.人虽然退休了，但精神不能退休

"您怎样看待退休这件事？"

"在老年大学，我有位朋友，日本人，住在上海。他精神面貌很好，没有一丝白头发。他都80岁了，还精神焕发，我们刚退休的人也没有理由不改变心态。"

（从董老师身上，我们看到她眼里的退休生活应该是丰富多彩的，没什么心理负担。她认为应主动寻找自己的生活。）

"退休后会不会觉得，每月收入有所变化？有没有影响您的生活？"

"退休后工资肯定没有工作时候多了，但是现在也够我们用了。我和我先生退休金加在一起每月一万左右，我们的开销除了日常生活所需，也就花在了个人兴趣爱好上面，比如旅游、摄影、跳舞、学其他技能方面。另外，我们还有一些房产，在上海你也知道，房子是硬通货嘛，租出去每个月也有3000多的收入。虽然不算特别富裕，也算充实。"

2.退休后让我更加注重提高生活品质

"您的日常消费中，占主要部分的是哪些？"

"也不能说伙食。我比较注重科学膳食，其实我们花在饭菜上的开支不大。现在岁数也大了，我们家对日常饮食很重视。为此，我只要闲下来就会关注电视上的美食节目，看看怎么把每天的饭菜做好。我不求精致，但追求科学合理的膳食。现在我特别注意养生，大概是受到那个日本人的影响吧。呵呵。""除了养生，我和先生的消费主要在于个人的爱好上了。比如他比较喜欢锻炼身体，还特地买了一个跑步机在家里，下雨天也可以在家里跑步。"

附录四:退休居民日常生活中的消费心理呈现
——老孙头的故事:健康改变生活

受访者姓孙,一位国企的退休工人,别人都叫他"孙师傅"。他身体很硬朗,说话中气很足。但从外貌上,很难把他和一位70岁年纪的人联系在一起。孙师傅老伴已经过世了,目前他和子女一起居住在上海的石库门老房子内。

(一)锻炼身体是每天必修课

1.身体是退休生活的法宝

"孙师傅,您每天的生活大体是怎样的?"

"我觉得,对于退休老人来说,身体是最主要的资本。身体健康,你才能享受健康生活;身体不好,你有多少钱也是白搭。所以,我每天都会锻炼身体,每天都要跑步,打一套拳。我以前在造船厂工作,船厂工作重,对身体素质要求高,我自学了这套拳法。你看我今年70了,身体好得很,都是每天早上锻炼的结果。"

"除了锻炼,您还做些什么?"

"我老伴走得早,所以我和女儿女婿一起生活。我喜欢养狗,这只老狗,跟了我好多年了。每天都要带它出去遛弯。每天早上出去买菜的时候,都带着它。买完菜后回来做饭,我比较喜欢做饭,他们也都觉得还可以。"

"您退休以前也会做饭吗?"

"退休前不会,也没时间做饭。这些都是退休后学的。"显然,退休后用在家庭中制作食品和参与家务劳动的时间增多了。和子女相处，老人承担了家里的家务活动，这是目前主干家庭①的典型家庭角色分工。

2.日常开销主要是生活用品和药物

"您退休后的收入有没有影响到目前的生活？"

"我与他们的关系都很融洽，他们也非常孝顺。我还是经历过改革开放、自然灾害那个年代的人，那时的消费水平比较低，没有现在社会发展如此之快，所以我一直有勤俭持家的习惯。不需要的东西，我一般不买。你看我这么大岁数了，我从不吃保健品，也不怎么生病。我一个月大概3000多的退休工资，够我一个人用的了。每天买菜、家里日常用品，比如酱油、大米什么的，都是我自己掏钱买，他们也给我钱，我都没要，自己女儿还分什么你我！"

"除了日常开销，您在其他方面有什么消费？"

"我虽然身体挺好，但年纪大了，总有一些毛病，就是血压有点高，每天的降血压药是必不可少的，在医疗方面有着保险，但自己会有一部分不小的开销。还有就是一些狗粮，这个要定期买。其他的我也没什么开销。"我国退休老人中的医疗消费在上升，但是涉及有些药物，不在医保范围内。虽然国家有政策，但医院也需要盈利，所以，医生碰到有医保卡的老人，尽量给患者开好药。这也是像老孙这样的退休工人，吃药费用一直占主要的原因。

"您会网上购物吗？"

"不会。我不大喜欢网购。我看他们倒挺感兴趣。我要买什么东西，直接到附近商店买，很方便。"

---

① 人类传统的家庭模式划分为：核心家庭、主干家庭、扩大家庭。主干家庭是指由夫妻、夫妻的父母、或者直系长辈以及未成年子女组成在一起居住的家庭；中国社会学家潘光旦在《中国之家庭问题》一书中称主干家庭为"折衷制家庭"，认为它"有大家庭之根干，而无其枝叶"，是大家庭和小家庭间的折衷形式。主干家庭能在一定程度上培养代际之间的同情心，联络代际之间的感情。它也能在赡老、抚幼和管理家务上提供一些便利。主干家庭的缺点是家庭中两个中心，因而由谁执掌家庭权力问题难以解决。婆媳冲突就是典型。

（二）退休后的生活——以牌会友

1.打桥牌可以充实生活

"除了锻炼，您有没有别的兴趣爱好？"

"如果算爱好，那就是桥牌了。我在年前的时候，就会打桥牌了。现在我经常去社区打牌，也经常去一些专业场所。里面都是打桥牌的人。在那里可以认识一些人。"

"改天我也想去看看。"

"非常欢迎。"

2.以牌会友的活动提升人际交往

"您跟要好的朋友聚会时有没有搞一些小规模的学习活动吗？"

"我最近接到个电话，有个牌友在南京，碰到了一个南京桥牌协会的退休教师，他们请我们去他们那里弄一些老年聚会与邀请赛活动。顺便我出去旅游一下。"

"旅游活动要自己花费吗？"

"旅游是要自己掏钱的，跟旅行社走。准备夏天去庐山。现在旅行社也比较多，我让他们找个好点的，不要被坑了。"

"看来您的消费很理性。"

"现在专门有针对老年人诈骗的假冒旅行社，所以要当心。"

"您出去旅行的次数多不多？"

"不是很多，一般一年一次吧。出去要花钱，也很累。"

（三）退休生活的收获

1.参与学习让我获得了人生成就感

"您对于这么多年来参与的各种活动、运动，总体感觉怎么样？"

"我感觉，就是有一点充实。我在我的朋友面前、子女面前，他们都说你很厉害，牌也打得很好，对于这一点，我感觉还是很自豪的，很有成就感，这也是实事求是地说。但是，我不傲，我不会让人看到我就感到烦，要离我三尺远的样子。这种情况在我身上没有。"

"出去打牌需要交钱吗?"

"需要交一点会费的。都是玩玩,交不了多少,一年百把块不到。"

"您接下来有什么计划?"

"明年我女儿她们要打算要一个孩子,接下来要帮忙带孩子了。"

"您又有事情可做了。"

"是的,以后的生活估计比现在还要忙碌。今年女儿怀孕了,预计明年就要生了。到时候女婿的妈妈要过来一起照顾,我毕竟是个男的,也不方便。"

2. 做饭是"拿手好戏"

"您退休前就经常做饭吗?"

"退休前工作忙碌,也没时间做饭。退休后,时间多了。我经常在家里看电视,通过电视节目学习一些技巧,其实,这个做饭烧菜,久而久之,就熟能生巧。

"您的子女有口福。"

"他们基本不用交伙食费。家里伙食开销基本是我负责。女儿孝敬有时候也给我一点,我基本不要,毕竟马上要小孩了,还要有花钱的地方。"

3. 在锻炼身体上颇有研究

(1)为骑车专门买了一辆自行车

"您平常出门主要乘坐什么交通工具?"

"我喜欢锻炼。出门我都比较喜欢骑自行车。我让子女在网上给我买了一辆适合老年人骑的自行车。平时出去都喜欢骑车。虽然女儿女婿对我骑车总是不放心,但我还是经常骑。你说退休了,没有一点爱好,我还不得闷死。我一不抽烟二不喝酒,又不喜欢打麻将,也就喜欢平时锻炼锻炼罢了。"

"您这车很贵吧?"

"800多块钱,我也不买太好的。这个价位可以了。现在的自行车做得越来越精致,价格也高得很。我们老年人用的差不多就可以了。"

（2）参与骑行协会

"您是怎么参与骑行协会的?"

"我之前一个朋友，平时比较喜欢骑行。他带我参加的这个协会。协会里都是拥有共同兴趣爱好的人一起组成的，大家在一起很开心。"

"平时参与活动有时候需要有花钱的地方?"

"出门在外总是要花费点的，也都是和几个感兴趣的朋友。上个月，由上海自行车行业协会与捷安特公司共同举办的e+Cycling老年骑行活动。和一群'老顽童'们在一起从公司骑车到奉贤海湾。一路上就靠这辆车帮忙，我还特意让女儿帮我买了一件适合骑行的衣服、水壶等户外设备，也算是专业的了!（笑起来）到了那里晚上我们一群人还在那里聚餐，一起AA制，吃点海鲜，大家都很开心。"

"这真是一次愉快的活动。"

附录五:退休居民日常生活中的消费心理呈现

——"退而不休"的蔡阿姨

照顾老人,养大孩子,转身之间,从企业退休的蔡阿姨进入了花甲之年。半身不遂的丈夫、正上学的孙女、80多岁的母亲成了她生活的轴心。蔡阿姨一家三口住在原来单位分的职工小区的筒子楼里面,25平方米的房子,从环境上看,其居住条件不是很好,就像上海市一些弄堂里面的老房子一样。家里家具不多,柜子上面有一台小彩电,凳子是废旧木板拼起来的,已经用了很久的冰箱。在家里的众多家电中,唯一有点亮色的就是一台新的空调。可见,蔡阿姨退休后的生活过得很拮据。

(一)家庭的重担:上有老下有小

"阿姨,您这台电脑是给谁用的?"

"这是我儿子买给孙女儿上学查资料用的,2000多元,我还贴了500元。"

"孙女儿和您一起生活?"

"哎,我有两个儿子,都下岗了。大儿子是驾驶员,给别人开小轿车,大儿媳在超市工作,家境一般,刚够生活。二儿子开了个饭店,老婆也在饭店里面做。这个小囡是大儿子的,他们都忙,就放在我这里。"

"您先生退休多少年了?"

"退休快5年了,前几年中风,半身不遂。一直躺在床上。"

"您一个月的开销够用吗?"

"我们两口子退休金加起来一个月5000元左右,我们都不敢在超市乱买东西。还有一个孙女，除了穿的，其他的东西都是我们的。丈夫的医药费2000元左右；三个人的生活费支出1500多元；我还有个80多岁的母亲，姊妹们每人每月300元给母亲贴补用于其医疗、生活等开销，尽管他们都不让我出这份钱，但我感觉我是长女，应该要出钱。"老年人退休后常被家里日常琐事所劳累，特别是家人如果生病，再加上要照顾孙辈，退休收入往往入不敷出，往往给老人生活带来负担。

（二）日常的一天

"那您每天估计很忙。"

"我每天早上6点起床就给孙女做早饭，等她去上学后，再顾着老伴的洗漱和喂饭。早饭之后，就要搀扶着丈夫出门到附近公园转转。他半身不遂，如果每天不动动，医生说会导致肌肉坏死。然后顺便在菜市场买些菜。一般也不舍得买贵的"

"您每天花在伙食上大概多少钱？"

"每天买菜上至少要50多块钱。我和老伴可以不怎么吃荤，小囡还小吧，要给她买点。在菜市场买菜，需要砍价还价的，否则现在的菜很贵，随便买买都要花到100。上次买点羊头，25元一斤很便宜了都花掉50。"

"孩子在您这里住，你儿子不补贴点给您吗？"

"他们自己都不够用，哪里还给补贴给我。去年刚买了一个小房子，在静安那边，每个月光还房贷都要5000多元，不够用哦。"

"静安那边很贵，为什么不在便宜点的地方买，比如莘庄？"

"我们上海人喜欢住在市里，住习惯了，住莘庄那么远。"

"二儿子呢？"

"二儿子生活条件比大儿子要好点，但是我们自己有退休金，不找他要的。二儿子家的孩子他们都自己带，我也没给他们带过。"

"阿姨，那您会在网上买东西吗？"

"我学历不高，也不会上网。我家小囡会上网，但她还小，我不让她上网买东西。"

"孩子学习成绩怎么样?"

"学习倒挺好，很自觉。我每天要叮嘱她按时写作业。"

"孩子在学习上您还有什么别的花费吗?"

"买作业本，学校偶尔其他的收费，她有时候还需要一点零花钱。虽然她父母也给，但也有用钱的时候。"

"我看您家里这台空调是新买的吗?"

"是的，在超市买的，2000多。这个牌子好。现在小囡在我这里，家里又多了一个人，这是顶楼，夏天小囡热得吃不消。我跑了好几家店，对比了价格，也让小囡帮我到网上看了一下价格，发现网上的价格和超市差不了多少。还是决定在超市买，刚好有个促销。"

"您真会买东西。"

"不计算着花钱不行啊，我们退休收入低的。"

"政府不是给退休老人增加了退休金吗?"

"我们家消费大，家里丈夫每天要吃药，小囡也要花钱。每月增加的几百块钱也不够。"

（三）回忆退休前的生活

"蔡阿姨，你一天到晚这么忙碌，有没有感觉到很累?"

"累确实累，但那怎么办呢?"

"您退休前也是这样的吗?"

"退休前没有这么忙。那个时候小囡还没有出来，坐月子也不是在我这里坐的，有我媳妇她家人去照顾。我们两个人都是工人，但收入对我们来说也够了，两个人一个月能拿到6000多。有时候还能补贴大儿子。"

"很多毛病，一到退休后就出来了。退休了，身体才是最重要的。"

"您身体怎么样?"

"我身体还好，也没什么大毛病。"

"退休前您每月的花费主要在哪里?"

"退休前，我和老伴每天上班，生活很规律。到了快退休之前，单位工作就更少了。那个时候老伴身体挺好，除了血压有点高之外，没什么其他毛病。偶尔到附近乡下去走走散散心。每个月生活开支大概1500左右，就我们俩也吃不了多少。其他钱就存着。"

"算是短途旅游了。"

"也算是了。退休后自从我丈夫瘫了后就再也没有机会出去走走了。唉。（眼里有些伤心）"

"退休前还要什么娱乐活动吗?"

"老伴喜欢打打牌，他经常每天晚上去玩玩。我不会打，只会看看。他还喜欢炒股，每天吃完早饭，然后他就打开电脑等着股市开盘、收盘。虽然他投在股市里的钱并不多，但等着股市开盘、收盘现在是他生活的一件大事，下午仍然是盯着股市。"

"大叔看来兴趣比较广。"

"退休前上班都怎么坐车?"

"我们都乘公交的，现在也是一样。到附近就走路。"

（四）社区生活的调剂

"蔡阿姨，你除了照顾丈夫和小孙女外，平常有没有其他的交往活动?"

"最近偶尔参加一下街道晚上举行的跳舞。"

"（笑笑）我也不会跳。只是居委会过来说，我想一天忙到晚，也要放松一下，锻炼一下身体。现在天气热，晚上在家里也热。空调不能一直开着，对身体不好，也很费电。"

"除了跳舞，您休息时候还有什么活动呢?"

"晚上的时候，和小图出去到附近街上走走。有时候带着她去超市逛逛，买点水果之类吃的东西。"

"您的身体怎样?平常也买保健食品吗?"

"我身体还不错，否则，这个家哪能撑到现在。我平常不怎么买保健食品，只是自己在饮食方面比较注意。子女偶尔给我买点保健品，我也不怎么吃，就给丈夫吃了。"

附录六:退休居民日常生活中的消费心理呈现

——继续奋斗:张大爷的再就业

　　张大爷是某高校男生宿舍的一位保洁员,他的工作就是每天上午打扫一楼和二楼的楼道和厕所。他的故事很平凡,但他的愿望代表了很大一部分退休者的心声。张大爷今年61岁了,原是一名火车司机,从铁路部门办理了内退,现在每月退休金能拿到3000元左右,儿子和儿媳都是大学毕业生,收入稳定。在别人眼里他应该在家里颐养天年,不过他可不这想。在退休后的第二年,他就在当地一所大学找了一份打扫楼道的工作。

(一)退休前的工作生活

　　"张大爷,您以前在铁路部门是做什么工作的?"

　　"在铁路部门,我是机务段负责检修火车设备的工人。"

　　"您以前在单位工作,一个月工资是多少?"

　　"4000多一个月。"

　　"退休前你主要开销有哪些?"

　　"我老伴去世得早。两个孩子都是大学生,也都成家了。我一个月生活花费不了太多,主要消费在买烟酒上,有时候和同事吃饭也要花点;我比较喜欢钓鱼,经常和朋友一起去郊区别人养的鱼塘去钓鱼,这个是要付钱的,一次也就150块钱,花不了多少。"

　　"您退休前自己一个人过吗?"

　　"退休前我自己一个人住在这里。儿子想接我过去,我想现在身体还好,以后等有了孩子再说。不想给他们添麻烦。"

"您身体怎么样?"

"身体很好。基本我自己不买保健品吃,都是子女给我买。我的工资每个月花不掉多少,多余的都存着。以后贴补给孩子。"

(二)退休后为何又要继续工作?

对于张大爷从铁路部门退休后又找了一份工作这事,笔者不足为奇,因为很多退休的老人,在之后的日子里,又找了一份工作继续工作。这种情况,在全国很普遍,但想到他家庭经济状况并不差,为何不好好在家安享晚年,又出来做一份清洁工?笔者还是有很多疑问。

"张大爷,您为何退休后又出来工作呢?为何不好好休息逛逛公园逗逗鸟?"

"喜欢——只因为如此!他说:"人啊,啥时候也不能闲着,一歇着身上老爱生病,我干这活,也累不着,天天活动活动对身体也好啊,又能出来跑跑,每个月烟酒钱也有了,何乐而不为呢!"

"您每天上班都是乘坐什么交通工具?"

"我都走过去。学校离我住的地方不远。"

"您现在每个月的开销是多少?"

"我在这个学校工作,一个月给我1500。就打扫点卫生,也不累。我就用这钱买些烟酒。我比较喜欢抽烟,虽然子女反对,但都习惯了。然后家里的伙食基本可以解决。"

"那您现在每个月工资可以存不少。"

"明年这份工作做不成了。"问及原因,是其儿女们不想让一大把年纪的他再出来挣什么钱了。再加上张先生的孙子也出生了,其儿子和媳妇都很忙,让他把工作辞了专心照看孙子。"我以后和儿子一起住,这些钱也可以补贴给他们。我自己能用到多少呢?不都为了儿子。"

老年人消费的动机:主要有三方面,一是日常生活,需要购买生活必需品;二是精神娱乐,退休后时间增多,需要精神娱乐来填补工作角色带来的缺位;三是补贴子女。退休后的老人普遍存在子女刚刚生育或者"二胎",照顾孙辈成了受访老人退休后的主要生活,有些老人的退休金也用来补贴子女。

(三)兴趣消费是退休生活的一个主题

"您还有其他消费吗?"

"除了钓鱼外,最近打算去社区学习点书法。学费不多。对书画很感兴趣。以后孙辈出生了,还要教孙辈学习学习。"

"您会网络购物吗?"

"我会的。上次我买了台电脑,儿女教我学会了。给我买了一个汉王的手写电子笔,不用打字。很方便。网上有些东西还是比较便宜的,比如在淘宝上买宣纸,一块钱一张,练毛笔字最好。

后　记

　　自2000年以来我国就面临着人口老龄化这一不可逆转的趋势，20世纪50年代"婴儿潮"出生的人口在2010年前后依次进入退休年龄，第二波退休潮带动了老年人口数量的进一步增加，形成了老年人口增长的高峰。老龄社会中退休人员的不断增加，微观上影响的是居民个体及其所在家庭的收入水平，在这个过程中，退休人员及其所在家庭其他成员的心理很大程度上会发生变化，从而在消费层面也会受到影响；宏观层面影响着我国劳动力供给、社会整体的消费水平甚至产业的发展等。当前，我国的退休制度在老龄化加速变化的时代会使得退休这一群体的总人数越来越多，这部分群体的退休决策通过对居民消费的动态冲击影响着社会经济的发展与持久稳定。在世界经济格局发生重大变化，单边主义、贸易保护主义暗涌流动的今天，作为世界经济增长"压舱石"和"定盘星"的中国，发挥我国经济的优势和韧性，特别是在消费领域，持续释放消费新动能，培育并进一步扩大居民消费需求特别是关切到老年群体的消费显得尤为重要，这也是提高我国经济高质量发展的重要举措之一。基于此，探究退休政策是否会影响到居民家庭消费？退休人员所在家庭的消费水平、消费结构究竟发生了哪些显著影响？产生影响的原因何在？如何改变这一现行状态，拓展老年群体的消费空间，促进老年消费产业发展就成为本书研究的重点。

　　本书是在我博士论文的基础上修改而成。在上海社会科学院经济研究所在职攻读博士三年的时间里，得到了所在单位领导和同事的大力支持。在三年求学和撰写博士论文的过程中，得到了经济研究所诸位老师、同学们以及同门们的帮助。借此机会，向在求学过程中帮助我的领导、老师、同学和朋友们致以深深的谢意！感谢我的导师刘社建研究员在求学过程中给予的指导和关心，本书也承蒙老师作序，师恩难忘自将更加努力。感谢我的父母和先生给予的各种无微不至的关怀！感谢国家自然科学基金重大项目"公平、活力与可持续——老龄社会的经济特征及支持体系研究"（项目编号：71490734）、上海应用技术大学2018年中青年教师科技人才发展基金人文社科类课题培育项目（项目编号：39120K199011-A06）的出版资助！对安徽师范大学出版社编辑的辛勤劳动，一并致以深深的谢意！

第一次出版专著，内心还是有点小激动并忐忑的，希望对我所作研究的问题感兴趣的人来读我的书。"从朝阳到夕阳，是一个生命的轮回，从夕阳到朝阳，则预示着万物万灵的重生。"也希望有更多人关注退休后群体的消费，关心老年群体的生活，找准他们消费行为的特质与原色，充分把握消费社会万花筒中退休后居民所在家庭的消费群像，提升我国老年消费市场的产品和服务品质，让他（她）们老有所得、老有所获、老有所为，有体验感、幸福感也有获得感。

钱婷婷

2020 年 10 月